めざせ！槍ケ岳
中年山ボーイ＆山ガールGO
六甲山から始める山登り

奥田　裕章◎著

正面に姿を現した槍ヶ岳を目指して登る

槍ヶ岳の頂上に立つヘタレ夫婦

恐怖心と闘いながら槍の穂先を下降するワイフ

記念すべき初登山と
なったごろごろ岳

芦屋ロックガーデンの
岩場に悪戦苦闘

目次

ステージⅡ

私と一緒に穂先のテッペンまで付き合ってくれたワイフに感謝の意を表す。

プロローグ

「ねぇねぇ。すっごく気持ちいいから、あなたも来たら！」

ベッドの中でぐずぐずしていた私に、朝の散策に出掛けていたワイフから、呼び出しの電話が掛かってきた。抜けるような秋晴れの爽やかな朝だ。今すぐにでも飛び起きて行きたいのはやまやまだが、何しろ脚が痛い。

私たち夫婦は、ここ上高地を訪れていた。この年の秋に松本で所用があり、「わざわざ信州まで出掛けるんなら、ついでに上高地に立ち寄っていこうよ」ということになった。十月は私たちの結婚記念の月でもあり、そのお祝いを兼ねての旅行というわけだ。

昨日は午前中に大正池を散策、ランチに上高地帝国ホテル内のレストラン、アルペンローゼで名物のオムライスを食べた後、午後からは明神池まで足を延ばした。明神池までは片道一時間ほどだ。ということは、行って戻ってくるのに二時間。街中で生活していれば、普通は歩いて行くような距離ではない。きっと電車かバス、あるいはクルマを使うはずだ。

日頃からほとんど歩くことがないのに、昨日はハッスルし過ぎたせいで、河童橋に戻ってくる頃には、早くもハムストリングが痛くなってきた。

昨日より脚は痛むが、かといってこのまま一人で部屋にいるのも退屈だ。それで、寝間着から洋服に着替え、荷造りしたバッグからもう一度靴を取り出した。靴といっても、トレッキングブーツなんかではない。以前、ちょっと通っただけですぐに止めてしまったフィットネスジムで履いていたシューズを下したものだ。何しろ運動靴といえば、このスニーカーと札幌雪まつりで履いたスノトレしか持っていない。

痛い脚を引きずりながらヨタヨタと、河童橋のたもとにあるカフェテリア、トワ・サンクまで歩いて行った。さすがにこのザマは、我ながらまことに情けない限りだ。ワイフと合流してモーニングコーヒーを飲み終えると、帰り支度をするため、再びホテルに戻った。

チェックアウトの時間まで、まだ少し間があった。ふとテーブルに目をやると、バードウォッチング用なのか、ずいぶん立派な双眼鏡が置いてある。何気なしに手に取って、部屋の窓から山の方を眺めてみた。

山頂付近で、何か動いているものが見える。目を凝らして良く見てみると、どうやら人影のようにも思える。双眼鏡を手渡して、ワイフにも確認してもらった。間違いなく人の姿だった。「あんな所まで、登って行けるんだ……」余りの驚きに、しばらく呆然としていた。

このときに受けた衝撃は、人生における一つの事件となった。一瞬のうちに人生観や価値観ががらりと変わったと言ってもいい。これに触発されて、今まで遠くから眺めていただけの山に自分も登ってみたいという挑戦意欲が一気に湧き起こってきた。

ホテルをチェックアウトし、バスターミナルまで歩いて行くと、さっきまでと同じ景色が全く違って見えた。自分の中で上高地は、もはや山岳リゾートではなく、北アルプスの登山口へと変貌していた。視界から観光客は姿を消し、代わりに登山者の姿ばかりが目に飛び込んでくる。

　大きなザックを地べたに下ろして、帰りのバスを待っているカップルがいた。かなりくたびれた様子だったが、恐るおそる「どの山に登ってきたんですか？」と尋ねてみた。こちらの方に顔を向けると、男性は「ヤリ」とだけ短く答えた。

「槍ヶ岳かぁ。いったい、どんな所なんだろう」と、ぼんやり思いを馳せていた。穂高連峰のもっと奥にある尖《とんが》った山ということくらいしか分からない。当時の私には、槍ヶ岳は遥か彼方にある桃源郷のように思えた。

　遠くに感じられたのは、必ずしも距離のせいばかりではなかった。ちょっと上高地を散策しただけで脚が痛くなるような自分に、槍ヶ岳なんかに登れるのか。それよりもまず、そこまで辿り着くことができるのか。技術的にも体力的にも、ヤリはまさしく雲の上の存在だった。

「こんなところでチャラチャラしている場合ではない。今度来るときには必ず槍の穂先を踏んでみせる」と、男前な啖呵を切りたかったが、そんなことは寝言にもならないほど現実離れしていた。

　しかし、一度は登ってみたい……。

中高年になって、なぜ人は走ったり登ったりするのか？

近年日本は空前のマラソンブーム、そして登山ブームに沸いている。しかし、市民マラソンや登山ツアーに参加しているのは、そのほとんどが中高年になってから始めた人たちだ。学生時代は特に運動熱心というわけでもなかったのに、なぜ中高年になって突如として、みんな走ったり登ったりし始めるのだろうか。

ひとつには社会の大きな傾向として、モノから体験へと人々の趣向が変化してきたことが挙げられる。断捨離ブームやミニマリストの出現により、厳選されたお気に入りのモノだけで、すっきりとシンプルに暮らしたいという人が増えてきている。暮らしがシンプルになれば、既製のものではなく手作り感のあるものを好むようになる。

このことはレジャーにも当てはまり、テーマパークで遊んだり、ショッピングモールをぶらついたりすることにだんだん興味が薄れていく。それよりも、陶芸や手芸、絵画、書道、料理といった創造性のある趣味、あるいは、マラソンやトレッキングのように達成感が得られることへと関心が高まっていく。これら能動的な趣味というのは、受け身的な娯楽と異なり、飽きるということがないため続けていきやすい。

特に「達成感」というのは、ハマる要素のひとつである。最初はものの二～三キロも走れば息が上がっていたのに、普通に一〇キロ走れるようになれば、やった感——自分にもできた！——が味わえる。その後、ハーフ、そしてフルマラソンにエントリーできるくらいになれば、さらに大きな達成感が得られる。このような喜びは、いわゆる商業的なレジャー施設で遊んでいるだけでは、決して味わうことのできないものだ。

ところで、このような「やった感」というのは、逆説的だが中高年を迎えて始めた素人だからこそ味わえるものでもある。学生時代から運動部に所属していたガチのアスリートでは、こうはいかない。毎日死ぬほど練習させられ、来る日も来る日も競技生活に明け暮れてきた彼らにとっては、現役時代からの力の衰えを感じることはあっても、中年になって「やった感」を味わうのは難しい。

個人が人生において通過していく各時代それぞれの特性というのも、要因のひとつになるだろう。

若いときには、他にもやりたいことがいっぱいあるものだ。私が二〇代の頃はディスコブームの絶頂期で、男の子も女の子も目いっぱいオシャレをして踊っていた。また、アメリカ国外では初のディズニーランドが日本にオープンし、彼氏や彼女とテーマパークでデートするというのがトレンドだった。バブルに向かって世の中全体が浮かれムードの時代には、山登りはレジャーとしては非常に地味だったのである。

今や、アウトドアブランドは流行の先端を行くスタイリッシュなファッションになっている。だが、ビギやニコルといったＤＣ（デザイナーズ＆キャラクターズ）ブランドが一世を風靡していた当時、登山服はかなり野暮ったく感じられた。スポーツウェアにしてもテニスやスキーなどが中心で、登山はどちらかと言えばマイナーな存在だった。

要するに、若い頃は彼女や彼氏を作ってデートをするのに忙しく、山どころではなかったのである。独り或いは男同士で山に登っていれば、同年代からは大変気の毒に思われた時代なのだ。

社会人になれば、また様子は変わってくる。就職すれば仕事に、結婚して子どもができれば家事や育児に追われる。家を買えば住宅ローンが、子どもが進学すれば教育費が重くのしかかってくる。

こんな状況に置かれては、自分の趣味のために時間やお金を費やすことは決して容易ではなくなる。仕事を中心に生活が回っているため、運動は全くしないか、してもせいぜいゴルフが関の山だ。取引先との親睦を深めるため、一緒にラウンドすることはあっても、「今度、山登りでもいかがですか?」とは、まずならない。もちろん、一緒に山に登った方が、ゴルフの何十倍も親睦が深まるとは思うのだが。

このような理由で、家庭を持ってからも――時間的にも経済的にも――、やはり山どころではないのである。


そこで、中年の出番となる。若い頃にはさんざんコンパで飲みまくったし、テーマパークにも行き尽くした。ショッピングモールで買い物したり外食したりするのは、お金が掛かる割には、何か達成感が得られるわけでもない。ソファーに寝そべってテレビを観ていれば、確かに安上がりだが、そんなことで大きな満足感が味わえるものではない。

ただでさえ体力の衰えを感じ始めているのに、ゴロゴロしているだけでは、要介護になるのもそう遠い話ではなくなる。家のローンや子どもの教育費も何とか目処がついてきたが、老後のことを考えれば余りお金の掛かる遊びはしたくない。健康にも良く、しかもお金の掛からない趣味。「そうだ、歩こう！」ということになる。ウォーキングは、健康的な上にタダでできる。

まずは試しに、夫婦で街中を一緒に散歩してみる。歩くだけでは物足りなくなれば、ちょっと走ってみる。あるいは、普段暮らしている街中に飽きたら、自然の中を歩いてみる。そうして、やがてマラソンやトレッキングにつながっていく。

こうなれば、しめたものだ。共にお金は掛からず健康的で、大きな達成感や満足感も得られる。こんな趣味を持てれば、いくらハマろうと、破産もしないし健康を損なうこともない。そして、これからの人生に、「退屈」という文字が消える。

問題は、「果たしてそんなことが、この自分にもできるのだろうか？」という素朴な疑問に、どう対処していくかだ。どこをどう探しても、私たち夫婦が槍の穂先に立てる根拠らしいものは、何一つ見当たらなかった。

山登りのスクールやサークルに入る。あるいは、コーチやガイドをつける。確かにそれも、ひとつの方法だろう。というか、もしかしたらそれが本筋であり、近道なのかもしれない。しかし、私たち夫婦はその道を選ばなかった。

何の自信も経験もなかったが、自分たちで試行錯誤を重ねながら、一歩一歩手探りでステップアップしていくことにした。

これは、登山のエキスパートによって書かれた技術書でもなければ指南書でもない。専門的な山登りの本を読んだりＤＶＤを観たりして、却ってそんなこと自分にはムリだと尻込みした人もいるだろう。私もその一人だ。

もし、この本に何か価値があるとすれば、「こんなヘタレ夫婦にでも登れたのだから、自分にもきっとできる」という自信が湧いてくることだろう。

ステージⅠ

スタート――下準備

上高地から戻ると、さっそく書店で山歩きのガイドブックを買ってきた。私たち夫婦の周りには、山登りをしている知り合いが一人もいない。聞く相手が誰もいないので、槍ヶ岳がどんな山なのか、ともかく本で調べてみるより他になかった。

ガイドブックには登山地図と山の写真が豊富に載っており、この類の本を見るのが初めての私にとっては、どのページを捲《めく》ってもとても新鮮に感じられた。標高や歩行時間、歩行距離、それに技術度や体力度、登山難易度まで示されている。

槍ヶ岳のページを開いてみると、いきなり槍の肩から撮った穂先のアップが載っている。標高三一八〇メートル。初めて目にする槍の穂先は、肝を潰すほどのド迫力だった。天を突くようにそびえる巨大な岩峰をよじ登っている人たちが、まるで蟻んこのように小さく写っている。さらによく見ると、誰がどのようにして取り付けたのか、途中と山頂付近に梯子が掛けられている。さらに二〜三ページ捲っていくと、槍ヶ岳山頂部ガイドとして、槍の肩から槍ヶ岳山頂までのコースの概要が記されている。

写真を眺めているだけでも、足がすくみそうになってくる。半端な高度感ではないことだけは確かだ。ワイフも、「まさかこんな所を登ろうなんて、悪い冗談でしょ」といった顔つきで、こちらを見ている。高所恐怖症の私たちには、とてもじゃないが、こんな急峻な岩峰を登れるとは思えなかった。

そんなことよりまずは、ここまで辿り着くことができるのかどうかだ。登山口の上高地から槍ヶ岳まで、重さ数キロのザックを自分の背に担いで、往復四〇キロもの距離を歩き、標高差一六〇〇メートル（累積標高差二二二一メートル）を登って下りてこなければならないのだ。

山登りに適した特性というものが、果たしてどんなものかはよく分からない。ただ、私たちが登山に向いているという要素は、これといって何ひとつ思い浮かばなかった。逆に、向いていない要素なら幾つでも挙げることができた。

ワイフも私も歩くのがイヤ。坂道や階段を上るのはご勘弁。重い荷物を持つのも真っ平というあり様だ。私たち夫婦がどれほどのヘタレかは、枚挙にいとまがない。

私たちが芦屋の海の手に住んでいた頃のことだ。

ワイフが習っていた陶芸教室が入っていたビルの改装に伴い、工事期間中一時的に駐車スペースが縮小されることになった。距離でいうとおよそ一キロ、歩いてほんの一五分ほどの場所にあるのだが、「クルマでないと通えません」と先生に泣きついて、特別に駐車場を確保してもらっていた。また、荷物を持って歩くとくたびれるのか、三〇〇メートル先のスーパーで買い物するにもクルマを出す始末だ。

私も負けず劣らず歩くことが嫌いだった。地形的には、今住んでいる所と違ってほぼフラットだったが、通勤のときは、行きも帰りもワイフに駅までクルマで送り迎えしてもらっていた。階段を上るのも億劫で、ひとつ上の階に行くにもエレベーターを使っていた。エスカレーターに乗らず、階段を駆け上がっていく人を見て、「おー、何て男前なんだろう」と、いつも感心していたくらいだ。

山の手に引っ越してからは、さらに輪をかけて歩かなくなった。山の手といっても、崖っぷちみたいな場所に家が建っている。家からどこへ行くにしても坂道を下りて、帰ってくるときには登り返さなければならない。しかも、家の周囲徒歩一〇分圏内には、店も何もないときている。

芦屋川で毎年四月の第一土日に開催される桜まつりに花見に行ったときのことだ。海の手に住んでいるワイフの両親と現地で落ち合うことになっていた。さて、芦屋川までどうして行くかだ。端《はな》から歩くという発想がないので、自宅からJR芦屋駅までクルマで行き、そこにクルマを停めて芦屋川まで歩いて行くという体たらくだ。待ち合わせしていたワイフの両親が、浜の方からずっと芦屋川沿いを歩いて来たと聞いて、「すごい健脚ですね」と、思わず賛辞を贈った。

中年になって、こんなレベルから山登りを始めようというのだ。確かに聞いて呆れるのも無理はない。しかも、槍ヶ岳に登ろうというのだから、戯言にも程がある。決して自信があったわけではないが、不思議なことに無謀だという感じはしなかった。もちろん、何か根拠があってそう思ったわけではない。

上高地を訪れたときに、自分の人生の中で潮目が変わったのだ。不安や恐怖よりも、何か新しいことにチャレンジすることに心が弾んでいた。こんなワクワクした気持ちになるのは、本当に久しぶりのことだった。

道具を揃える

学生時代に山岳部やワンゲル部に所属していたことがあるならともかく、私は山とは全く無縁のナンパな生活を送っていた。道具を揃えようにも、いったい何が必要なのか、二人とも山登りに関する知識が全くなかった。

ひと昔前には、どこか野暮ったく無骨なイメージしかなかったアウトドアウェアだが、今やアウトドアブランドを扱うショップはどこも大賑わいである。特に、ザ・ノース・フェイスやフォックスファイヤーなどは、お洒落な「山ボーイ&山ガール」に引っ張りだこだ。

山ファッションがブームになったのは、ミーハーな私たちにとってはありがたいことだった。これまで登山用品を扱う店といえば硬派な印象が強く、入るのにとても敷居が高く感じられた。自分たちには、何か場違いな雰囲気だったのである。

取りあえずワイフと連れ立って、ひと通り登山用品が何でも揃っているモンベルへと足を運んだ。私たちの周りに山登りをしている人が誰もいなかったので、相談できるのはショップの店員さんだけだった。

山登りの経験や知識が全くないこと、そしてこれから山登りを始めようとしていることを伝えると、親切に色々教えてくれた。本格的な登山は、まだ先のことだったので、山歩き用のブーツとソックス、それに日帰りハイキング用の小型ザックを購入した。


道具を揃えるといっても、山登りを始めるのにそれほど沢山の用具は必要ない。もし、これがゴルフとなれば、とてもこんなものでは済まない。

結婚して、ワイフもゴルフを始めたときは大変だった。ドライバーからフェアウェイウッド、ユーティリティ、アイアン、ウエッジ、パターに至るまで一四本のクラブ。そして、クラブを運ぶためのキャディバッグ。ゴルフシューズにグローブも必要だ。ゴルフウェアのほかに、キャップやサングラスなどの小物類。ゴルフボールも、池やOBゾーンに打ち込むたびに買い足さなければならない。しかも、テクノロジーの進化や、身体の退化に応じて、買い替えが必要となってくる。

そしてゴルフの場合、道具を揃えたら、それで済むと思ったら大間違いだ。打ちっ放しで練習するにも貸しボール代が掛かるし、プロに教えてもらえばレッスン料も必要だ。そして、バブル期の頃に比べて安くなったとはいえ、コースに出れば結構なプレー料金が掛かる。

ゴルフに比べれば、山登りは随分と安上がりだ。練習（として歩くの）に、何かお金が掛かるわけではない。どんな名峰に登ろうと、それで登山料金を取られることはない。社交の場でもあるゴルフに、いつも同じウェアというのは少し気が引けるかも知れない。だが、自然の中を歩く山登りの場合は、毎回ウェアが同じでも別に気にする必要はない。

とはいえ、大自然がフィールドの登山用品には、生まれて初めて目にするような衣類や道具が沢山あり、とても興味を惹かれた。

アウトドアショップのクラブに入会すると、登山用品のカタログが自宅に送られてくる。毎晩お風呂上りに一杯やりながら、山歩きのガイドブックとともに、店から届けられたカタログをいつまでも飽きもせずに眺めていた。

歩き始める

何しろ、これまで歩くことが全くといっていいほどなかったのだ。情けないことだが、まずは歩くという習慣を身に付けることから始めなければならなかった。

ワイフは、母上とウォーキングを始めた。夙川の河川敷沿いにある公園や芦屋浜の海岸を、毎朝一時間ちょっと掛けて歩いていた。私は、ワイフに駅までクルマで送ってもらうのを止め、自分で歩くことにした。自宅から駅までは約二キロ。片道三〇分ほどで歩けるので、ウォーキングにはちょうどいい距離だ。

ただし、ひとつ問題があった。家は六甲山の麓に建っており、標高が六五メートル。一方、駅は標高一五メートルなので、標高差が五〇メートルもあることだ。距離はともかく、この高低差は辛いものがある。歩き始めた当初は、行きの下りのみ。上り坂も歩いて帰るようなったのは、さらに半年が過ぎてからのことだった。

標高差五〇メートルの上り坂を毎日歩いて帰れば、ひと月で一五〇〇メートル登ることになる。これは、奇しくも上高地と槍ヶ岳の標高差に匹敵する。毎月、槍ヶ岳まで登っているんだと思えば、何だかやる気も湧いてきた。

人がやらない言い訳を思いつくときには、きっと脳ミソがフル回転しているのだろう。次から次へと、もっともらしい屁理屈が出てくる。私がクルマで送ってもらっていたときの言い訳は、「朝から歩いて体力を消耗すれば、仕事に差し支えるじゃないか」というものだった。

しかし、実際に歩いてみると、血の巡りが良くなって身体は軽くなり、気分も爽快だ。仕事に差し障りが出るどころか、頭も冴えて、仕事の能率はアップ。ずっと悩まされてきた頑固な肩凝りともオサラバできた。

これまでワイフも私もタウン用の靴でペタペタと歩いていたのだが、ローカットシューズを履いてタッタと歩くようになった。今では、たまに普通の靴をはくと、ソールが薄くて頼りない感じがするくらいだ。

とにもかくにも、最低限の道具が揃い、日常生活の中に歩くことも取り入れた。そこで、物は試し、まずはどこか山に登ってみようということになった。

ステップ❶

初登山　ごろごろ岳

あと2年0カ月

家が六甲山麓に建っているので、地続きになっている六甲山には、裏山のような感覚でいつでも気軽に登ることができる。わざわざ遠くから電車を乗り継いで、六甲山の登山口にやってくるハイカーのことを思えば、実に恵まれた環境だ。

日頃は地元の六甲山で、山登りのトレーニングを積む。そして、年に何度か北アルプスまで遠征して、練習の成果を試そうという作戦だ。

北アルプスは標高が高いために、七月に入ってもまだ雪が残っており、十月上旬には早くも雪が降り始める。そのため、登山に適している時期は、七月下旬から九月下旬までの短い夏の間だけということになる。逆に、六甲山は標高が九三一メートルあるとはいえ、夏に登れば熱中症になりそうなくらい暑い。

従って、普段は六甲山でハイキングを楽しみ、夏の暑い時期には北アルプスに足を運べば、上手い具合に季節の棲み分けができる。つまり、年中快適な環境で山登りができるというわけだ。

さて問題は、最初にどの山に登るかだ。今でこそ少し誇らし気に思う山登りの格好も、当初はトレッキングブーツを履きザックを背負って電車に乗るのは気後れした。ゴルフと違って山登りの場合は、クラブハウスで着替えるということができないため、家からそのままの格好で出掛けなければならない。ゴルフウェアを着て歩いていても別におかしくはないが、山登りの格好は街の中ではかなり浮いてしまう。そこで、自宅から歩いてそのまま登れる山にしようということになった。

家から最も近い山が「ごろごろ岳」だ。六甲山系で、唯一「岳」という名前が付いている。一般的に「～岳」という名称で呼ばれる山は、高くて大きく立派な山を指す。槍ヶ岳をはじめ、北アルプスの山々は、ほとんどが「～岳」と呼ばれている。ところが、ごろごろ岳の標高は五六五・六メートル、とても高山とは言い難い。しかし、その標高から命名されたというごろごろ岳は、ダジャレが効いてか地元のハイカーにはとても親しまれている山だ。

ごろごろ岳へは、苦楽園か柏堂町のバス停から苦楽園尾根を登って行くのが一般的なルートだ。ただ、電車やバスに乗るのは気恥ずかしさもあったので、家から歩いて行ける六麗荘からアプローチすることにした。

ただし、このルートはちゃんとした登山コースではないのか、登山地図に載っていない。それで仕方なく、六甲山ハイキングのウェブサイトで、予め六麗荘からのコースマップを検索して印刷しておいた。

当日迷わなくて済むよう、前日の内に六麗荘の登山口がどこにあるのか、実際に見に行って確かめておいた。ザックの中に必要な物を詰め込んでいると、遠足を明日に控えている小学生のような気分になった。

さあ、いよいよ明日は記念すべき初登山だ。これからどれだけの山を登ることになろうと、私たち夫婦にとってこれが最初の一歩を踏み出す山登りになるのだ。

ごろごろ岳山頂は、標高が五六五メートル。対して、標高六五メートルに家が建っているので、標高差はちょうど五〇〇メートルになる。自宅からは直線距離で約二・八キロ、コースタイムは片道一時間半ほどだ。往復四時間もみておけば、ゆっくり歩いても登頂して戻って来ることができる。

雲一つない日本晴れで、初登山の朝を迎えた。上高地から帰って来て、まだ一〇日しか経っていないので、ヘタレながら決断と行動だけは素早い方だといえるだろう。やろうと決めたら、居ても立ってもいられなくなるのだ。

朝八時過ぎに自宅を出発。いつもの出勤時刻と同じだ。不安とワクワク感が入り混じった、何だか不思議な気分だ。六麗荘の住宅街を通り抜けて、ごろごろ岳の登山口をめざす。六麗荘を通過するだけでも高低差が一二〇メートルもあり、登山口に辿り着いた時点で、既に一四〇メートルの高度を稼いだことになる。これだけでも、立派な山登りだ。

住宅と住宅の間に路地があり、その入り口には「ゴロゴロ岳登山口」と書かれた標識が取り付けられている。しかし、文字が消えていて、ほとんど判読不能だ。まるでこの登山口は、わざと看板を掛けずに営業している一見さんお断りの店のようだ。

六甲山は中腹まで住宅が建ち並んでいるため、初めて登る場合は、登山口が分かりづらい。うっかり見落とせば、登山口を探すだけで二〇～三〇分もタイムロスしてしまうことがよくある。昨日ちゃんと下見をしておいて正解だった。

住宅に挟まれた細い通路を通り抜けると、山道が始まる。これまで舗装された道路しか歩いたことがなかったので、ちょっとドキドキする。余りメジャーな登山道ではないので、まるでケモノ道のようだ。たまに家の近所でも、イノシシの親子を見掛けることがある。なるほど、普段は山に住んでいて、餌がなくなるとここを通って街に下りて来るのだなと、妙に納得した。イノシシに遭遇しないことを祈りながら、露岩の急坂を登っていく。

私たちにとって初めての登山は、単なる山登りの域を超えた大冒険だ。岩をよじ登っていると、ジャングルジムで遊んでいた頃のような童心にかえった。この歳になって、こんなことに悪戦苦闘している自分がおかしかった。分岐の少し手前に、視界の開けた岩場があった。自分たちが普段暮らしている街並みや、大阪湾が一望できる。何だか、もう何年も味わったことのない感動だ。

六麗荘の分岐まで辿り着けば、後は苦楽園の尾根道を登って、ごろごろ岳をめざすだけだ。家を出発して、二時間弱。一〇時ぴったりに、ごろごろ岳の山頂に到着した。

頂上で記念写真を撮り、しばらく感慨にひたりながらコーヒーを飲んで、再び来た道を下山した。

山道を抜け、六麗荘の住宅街まで下りて来ると、緊張感が解けてホッとした。それと同時に、意気揚々と凱旋しているような気分だった。

山登りの格好をして歩いている私たちを見て、建設現場で工事をしていたおじさんが声を掛けてきた。私たちは足を止めて、しばらく立ち話をした。今日が初めての山登りだったこと。そして、ちょっと誇らし気に「ごろごろ岳」に登ってきたのだと話した。

知らない人とでも、山好き同士はすぐに打ち解けて話が弾むものだ。そんな私たちを微笑ましく思ったのか、向こうも自分の山登りのエピソードを色々語ってくれた。

普段背負っているものを全て下ろして身軽になった素の自分がいる。何者でもないそのままの自分だ。大自然の中では、誰もがそれぞれ素の自分に戻っている。だからこそ、山では屈託のない会話を楽しめるのだろう。

消費生活にどっぷり浸かったレジャーというものは、お金が掛かる割には大した満足感が得られない。ごろごろ岳の初登山には全く費用が掛からなかったが、その達成感たるや、とても言葉では言い尽くせないほどだった。家に到着したが、帰るのが惜しくて、さらにその格好のまま苦楽園のカフェまで歩いて行った。

高揚感でいっぱいの気分だった。トレッキングブーツの紐を少し緩め、ワイフとふたり初登山の成功をカフェのランチで祝った。

ずっと自分たちに山登りなんてできるのかどうか疑問だったが、この日でそんな心配は払拭され、大きな自信となった。

山にハマるとは、このことだろう。今帰って来たばかりなのに、もう次の山登りが待ち遠しくなっていた。

ステップ❷

六甲山デビュー　風吹岩

あと1年11カ月

自分たちにも山登りができるんだと分かれば、次なる目標は六甲山にデビューすることだ。ごろごろ岳も六甲山系を構成する山の一つには違いないが、主稜線からはかなり外れており、自分の中ではあくまでも裏山的な存在だ。

六甲山で山登りのトレーニングをする以上は、山頂のある稜線を踏むことを目標にしたい。六甲山最高峰へはさまざまな登山道が通っているが、芦屋ロックガーデンからのルートが代表的だ。

六甲山を何度も登っている人に連れて行ってもらうとか、トレッキングのイベントや講習会に参加するというのであれば、話は早いだろう。何も心配することなく、ただ案内されるまま、ひたすらついて行けばいいのだから。

しかし、私たちの場合、そうはいかない。登山は全くの未経験、ド素人の夫婦二人が単独で登ろうというのだ。日程やプランも全て自分たちで組んでいかなければならない。

何でそんなことをしてまでと、思う人がいるかも知れない。一つには、山登りをしている知り合いが誰もいなかったこと。そして、もう一つは、私たち夫婦が余りにもマイペースなために、二人とも集団行動が性に合わないというのがその理由だ。

何度かバスツアーに参加したことがあるが、時間も行動も全て決められた通りにやらなければならないというのが、非常に窮屈に感じた。仕事であれば、それも止むを得ないだろう。しかし、趣味で旅行や山歩きをするのだ。自由気儘に自分たちのペースで楽しみたいというのが本音だ。

わがままとか自己中心的というのとは、ちょっと違う。他人がいると、逆に気を使い過ぎて精神的に疲れてしまうのだ。だから、気を使わなくても済む家族や友人となら、一緒でも全然ウェルカムだ。

さて、普段から目にして慣れ親しんでいる六甲山も、いざ登るとなれば未知の領域に足を突っ込むことになる。それが初めて登る山でも、水先案内人はいない。

何事も少しずつ段階を踏んでいくことが大切だ。いきなり山頂をめざすのではなく、まずはどんな感じなのか下見をすることにした。ヘタレだが、いやヘタレだからこそ、こういうところは手堅く進めていくことが大事だ。

ただ、偵察をするにしても、どの辺りまで歩を進めればよいのか。登った以上は、下りて帰って来なければならない。二時間登れば、往復で四時間。三時間登れば、往復六時間の行程となる。山登りを始めてというか、日常生活の中で歩き始めて、ひと月も経っていない。まだ長時間の山行は自信がなかったので、片道二時間くらいで登れる所までにした。

起点となる阪急芦屋川駅と六甲山最高峰のちょうど中間点辺りに、標高四四七メートルの風吹岩がある。

阪急芦屋川から風吹岩までの距離は二・八キロ、標高三〇メートルにある駅からの高低差は四〇〇メートル強だ。自宅から芦屋川までは約二キロ、三五メートルほどの下りとなる。コースタイムは、自宅から芦屋川までが二五分、芦屋川から風吹岩までが七〇分。自宅からの往復で、三時間半くらいだ。

つい半年前までは、桜祭りが開催されるこの芦屋川までですら、歩いて行くなど考えも及ばないことだった。芦屋川まで来ればゴールではなく、ここが六甲山への起点となるのだ。我ながら、凄い進歩だと思った。

自宅を出発して、芦屋川に向かう。阪急芦屋川駅前の広場は、これから六甲山に登る大勢のハイカーで賑わっている。仲間に囲まれたかなり年配の男性がいたので、「今日は、どちらまで行かれるんですか？」と尋ねると、何と有馬までだと言う。ここから六甲山を越えて、有馬温泉まで歩いて行けるんだと驚いた。

芦屋川から高座川沿いに分かれ、住宅街を進んでいく。道路の要所には「高座の滝・ロックガーデン方面」と書かれた標識が設置されているので、初めてでも迷うことはない。住宅街を通り過ぎ、高座川に沿って山道を登って行く。空気も水も澄んでいて、マイナスイオンがいっぱいだ。自分たちが暮らしているすぐ近くに、こんな素晴らしいところがあったなんて、山歩きを始めなければ一生知ることもなかっただろう。

滝の茶屋と大谷茶屋を抜けると高座の滝に出る。ここから、本格的な登山道が始まる。いきなり左が切れ落ちた岩壁の道になる。当たり前だが、フェンスも手すりもない。こ

んな危なっかしい道は初めてなので、落っこちないよう慎重に歩く。
　中央尾根は岩の稜線になっており、鎖場もある。山歩きというより、岩登りに近い感じだ。さすが、ロックガーデンと呼ばれるだけのことはある。岩尾根をさらに登って行くと、岩肌が露出して深い溝のようになっている道もある。変化に富んでいて、飽きることがない。ただし、舗装された道と違って、不慣れな山道は非常に歩きにくい。後からどんどんやって来るハイカーに道を譲り、先に行ってもらう。
　私たちがもたついていると、いったい歳は幾つなんだとびっくりするくらいの爺さんが、Tグリップのストックを杖のように使ってスタスタと登って来る。「初心者なもので、難儀しています」と言って道を開けると、「最初は、ゆっくり登ればいいですよ」と励ましてくれた。幾つになっても続けられる登山は、本当に素晴らしい。

高座の滝を出て小一時間程で、今回の目的地「風吹岩」に到着した。岩場からの見晴らしは良く、遠く大阪湾を望むことができる。

しばらく眺望を楽しみ、少し休息を取ってから来た道を戻る。絶壁のような岩の棚を下るのは、登るより遥かに大変だ。行く手にイノシシの親子がいたが、しばらくすると何事もなかったように器用に下りていった。こっちはおっかなびっくり悪戦苦闘しているのに、野生の動物というのは実に大したものだ。

私たちが下山していると、これから登ってくるハイカーとすれ違う。「もう、お帰りですか?」と、尋ねられた。確かに、中途半端なところで引き返してきたとは思うが、六甲山デビューを果たし、自分としては大満足だった。登山というものを初めて体験し、さらに今回は六甲山登頂への足掛かりも掴めたのだ。

山を下りて、いつもの見慣れた街並みに戻ってくると、緊張感が一気に解け、一種の高揚感に包まれる。これが「やった感」、つまり達成感というものなんだろう。

達成感でいっぱいのときには、誰かにその喜びを伝えたくなる。山好きの大将に話を聞いてもらおうと、贔屓にしている食事処「ようちゃん」で一杯やっていくことにした。

ステップ❸ 沢歩き トゥエンティクロス

あと1年10カ月

槍ヶ岳へのルートは四方から延びているが、尾根に挟まれた沢筋を詰める槍沢コースがもっとも一般的なルートとされている。そこで、沢歩きの練習として、この年の締めくくりにトゥエンティクロスから摩耶山をめざすことにした。布引谷の流れを何度も渡渉するので、二十渉（トゥエンティクロス）という名前が付いている。

クリスマスを来週に控えた年末、チラチラと小雪が舞い散っている。手袋にニット帽、それにダウンを着込んで冬山登山の完全装備で家を出た。

トゥエンティクロスへの登山口は新神戸駅にあるため、今回初めて山登りの格好で電車に乗ることになった。しかし、いざ電車に乗ってみると、スーツ姿の通勤客に交じって、ザックを背負った登山客の姿も結構多く見受けられた。最初は気恥ずかしさもあったが、山登りの格好で乗っても意外にフツーだった。

六甲山と瀬戸内海とに挟まれた猫の額ほどの神戸の市街地には、阪急、JR、それに阪神など三本以上もの鉄道が走っており、駅そのものが六甲山の登山口になっている。

新神戸駅も登山口の一つだ。六甲山の麓をずっとトンネルが走っており、駅のホームだけが辛うじて山の谷間に顔を出している。今や北海道の函館から九州は鹿児島まで、日本全国に路線を延ばしている新幹線だが、駅を降りてそのまま山に登れるのは、恐らく新神戸駅をおいて他にはないだろう。


駅を出るとすぐに石の階段があり、ずっと登って行くと落差が四三メートルもある名瀑、布引の滝に出る。さらに滝の上まで登ると、下からではなく上から滝を見下ろせる。こんなこと、初めての経験だ。

実はこの先々週、私たちは紅葉狩りも兼ねて、箕面の森へ滝道ハイクに出掛けた。整備が行き届いた散歩道は風情があり、なかなか風光明媚な森だ。滝道に軒を連ねるもみじの天ぷら屋や土産物屋を冷やかしながら散策するのも楽しい。途中で舗装されていないトレッキングコースが分かれており、もちろんこちらの方から大滝をめざした。箕面の大滝も、負けず劣らず落差三三メートルの名瀑だ。当然のことながら、下から眺めていたわけで、そのため滝を上から見下ろすのは余計奇異に感じた。

神戸布引ロープウェイの下をくぐって布引貯水池に出る。新神戸と神戸布引ハーブ園を結んでいるロープウェイだ。ハーブ園では三〇分間ほどのツアーが開催されており、可愛らしい女性のハーブガイドが園内を案内してくれる。情けないことに、三年前に訪れたときには、山の急斜面に広がるハーブ園の中を散策するのがひと苦労で往生したものだ。それが、今回はロープウェイに乗らず、歩いて山を登っているのだから、我ながらびっくりだ。

布引の滝の横にある道を登ってしばらく歩いて行くと、ダム湖百選に数えられている布引貯水池に出る。コウベウォーターの水源池になっており、水道用としては最古の池とされている。

市ヶ原の桜茶屋を過ぎると、ようやく本格的な山道になる。六甲山の登山道は、そのほとんどが樹林帯の中を通っているため、山上に出るまで余り展望が利かない。しかし、布引谷を通るトゥエンティクロスは、視界が開けているため気持ちがいい。

シャレなのか本気なのか、標識に堂々と「河童橋」と書かれた橋を渡る。もちろん、上高地の梓川に架かっている本家の河童橋に比べれば安普請なのは否めない。この他にも、六甲山には新穂高や穂高湖、それにシェール槍など北アルプスを意識したようなネーミングの地名が多い。

実際、標高九三一メートル、長さ五十数キロの六甲山系は、縦にも横にも北アルプス（飛騨山脈）を三分の一に縮小したミニアルプスのようだ。北アルプスを登る練習になるだけでなく、規模は小さいながらもアルプス登山の雰囲気を味わうことができる。

谷を流れる沢を、飛び石を使って何度も渉りながら歩を進める。こんな幻想的な景色は、歩

いてきた者にしか目にすることができない。山登りを始めて良かったと、このときしみじみ思った。

三時間くらいで桜谷出合に着き、持ってきたおにぎりを食べてエネチャージした。山で食べるご飯は、何でこんなに美味しいんだろう。

木に括りつけられた寒暖計を見ると、氷点下二度を示していた。桜谷道を登って、そこから一気に摩耶山の頂上をめざす。標高が上がるにつれ、さらに気温も下がり、沢を流れる小さな滝が凍り付いている。積もった雪で凍てつく岩だらけの急坂を、滑らないように気を付けながら一歩一歩登って行く。

一時間ほど歩くと、標高七〇二メートル、遂に摩耶山の山頂に辿り着いた。展望台からは、遥か眼下に神戸の街が見渡せる。よくぞここまで登って来たものだと、感慨もひとしおだ。

下山は、摩耶ロープウェイと摩耶ケーブルを利用した。四時間かけて登って来た摩耶山も、下りるときはものの一五分足らず、あっという間だ。

そして、帰りには例の店で一杯。今回はちゃんと摩耶山に登って来たのだ。少しばかり「どや顔」で大将に報告しても構わないだろう。

ステップ❹

岩稜歩き　須磨アルプス

あと1年8カ月

　槍・穂高の稜線は森林限界を超え、急峻な岩稜帯となっている。対して、六甲山は基本的には土の山だ。しかし、ところどころに岩場が露出している所がある。「神戸槍」と呼ばれる須磨アルプスも、その一つだ。

　両サイドが切れ落ちた馬の背は、岩稜歩きの練習だけではなく、高度感に慣れるのにもってこいだ。

　須磨アルプスの登山口は山陽電鉄の須磨浦公園駅で、六甲全山縦走路の起点にもなっている。宝塚までの五十数キロを一日で歩き通す六甲全山縦走は、神戸市の主催で大会も開催されている。

これとは別に、「六甲縦走キャノンボールラン」という大会もある。こちらの方はエンジン以外、自転車や馬など何でもありだ。とにかく六甲全山縦走路を一番早くゴールした者が勝者となる。何れにしても、タフで過酷なレースには違いない。

須磨浦公園はすぐ目の前に海が広がっており、海抜〇メートルからの山登りとなる。山に登りに来たのに、まるで海水浴か海釣りに来たかのようだ。

鉢伏山、旗振山、鉄枴山と尾根筋に沿って幾つかのピークを越えると、いきなりコンクリートの急階段が始まる。この階段を下りていくと、平坦な高倉台団地内に入る。ポートアイランドを埋め立てるため、削られてなくなった高倉山があったところだ。ポートアイランドのある海側から六甲山を眺めると、確かにそこだけ稜線が途切れて平らになっているところがある。自分が立っているこの地面は、かつてあそこにあった山の土だったんだと、少し感傷的な気分になる。

高倉台団地に入るとコンビニやスーパーがあり、買い物かごを下げて普通に生活している主婦が行き交っている。そして、ザックを背負っている自分たちが浮いた存在に思えてくる。非日常的な大自然の中で行われる山登りだが、ここを通過しているときだけは、否応なく日常の生活空間に引き戻される。

下りたら登らねばならない。今度は、栂尾山に向けてハイカー泣かせの四〇〇段もある階段を登り返す。六甲全山縦走路の起点になっているせいか、この辺りではトレイルランニング（略してトレラン）をやっている人によく出くわす。私たちが息が上がって登るのも精一杯な階段を、軽々と駆け上がっていくトレイルランナーには本当に脱帽だ。

近ごろ人気が出てきたトレランだが、どんな人たちが始めているのだろうかと考えてみた。つまり、街の中を走っていたランナーが、平坦路では退屈になってしまい山道を走り始めたのか。それとも、山を登っていたクライマーが、歩いているだけでは飽き足らずに走り始めたのか。

もちろん、前者が圧倒的だろう。何故なら、基本的に登山は所要時間を競うスポーツではないからだ。何らかの事情で目的地に早く到着する必要がある場合には、走ることよりも、早く出発することを選ぶだろう。それに、素晴らしい山の景色や可憐な高山植物を楽しみながら歩くのも、山登りに出掛ける目的でもあるからだ。

この栂尾山からは、しばらくなだらかなトレイルとなって横尾山に着く。横尾山と東山を結ぶ鞍部が、馬の背と呼ばれる須磨アルプスの核心部だ。いきなり鎖場が登場し、

急坂を下る。鞍部は風化した花崗岩の露岩帯となっている。すれ違えないくらい幅の狭い痩せた尾根筋を、滑落しないように慎重に進んでいく。下りてきた須磨アルプスを振り返ると、迫力満点の岩稜が目に飛び込んでくる。

　神戸槍と呼ばれる須磨アルプスですら、結構な高度感なのだ。三〇〇〇メートルを越える槍の穂先の高度感たるや、きっと想像を絶するものに違いない。

　この後、小一時間ほど樹林帯の山道を板宿まで下っていく。まだ山歩きに慣れていないのか、それとも歩き方が悪いのか。行きは快適なのだが、帰る頃にはいつも足のくるぶしの辺りが痛くなってくる。山歩き自体は楽しいのだが、足が痛くなってくるのは悩みの種だった。私は靴ズレ、ワイフは膝が痛くなって、ボロボロの下山となった。

下山後は賑やかな板宿商店街を通り抜けて駅に向かう。ただ、この頃にはもう山登りの格好でどこへ行くのも気後れしなくなっていた。

ステップ❺

六甲山初登頂　六甲山最高峰

あと1年8ヶ月

　山登りを始めて三カ月余り。六甲登山の総仕上げとして、六甲山最高峰をめざす。六甲山系は幾つもの山が連なる山塊で、それぞれに頂上がある。そして、六甲山上は全てが六甲山と呼ばれているが、六甲山の山頂といえば六甲山最高峰を指す。山頂の広場には「六甲山最高峰９３１ｍ」と書かれた標柱が立っている。

　年中で一番寒い二月半ばだったので、凍結に備え、念のためアイゼンを携行して行った。

　七時半に家を出発。登山口となる芦屋川から高座の滝を経て、予定通り二時間ほどで風吹岩に到着した。風吹岩までは、六甲山デビューで同じルートを歩いていたので安心感があった。六甲山の下見として訪れた前回は、ここで引き返したのだから大進歩だ。

風吹岩から先が、私たちにとって未踏の世界になる。ここからは、深江を起点とする魚屋道と合流し、六甲山最高峰をめざして登って行く。

風吹岩からしばらく進むと、芦屋カンツリー倶楽部の中を通り抜ける道になる。芝生や林に池や小川が配置され、以前は自然たっぷりに感じられたゴルフ場だが、フェアウェイを横目にしながら山道を歩いていると、とても人工的に感じられた。


山登りを始めてから、はっきりした理由は分からないが、それまで二十数年間も続けてきたゴルフに対する興味が次第に薄れてきた。それは、ワイフも同じだった。もちろんゴルフも身体を動かすのだが、スポーツとしては中途半端に感じるようになってきた。つまり、山登りと比べて、ゴルフが自然としても運動としても、どっちつかずに思えてきたのだ。

また、体質が変わったのか、農薬が大量に使用されているゴルフ場のフェアウェイを歩いていると、特に風のある日などは喉の調子がおかしくなるようになったというのもある。

いずれにせよ、本物の大自然の中に身を置くようになると、ゴルフ場も含めて作り物的な商業的なレジャー施設で遊ぶことが物足りなくなってくる。ディズニーシーのミステリアスアイランドにあるプロメテウス火山も、本物の岩山でできていて登れるのであれば面白いかも知れない。もし、槍の穂先がそのままディズニーシーに移設されたら、どんな絶叫マシーンも敵わないほどのスリルを味わえることだろうと、あり得ない想像を膨らませてしまう。

さて、ゴルフ場を横切り、雨ヶ峠へ向かう。出だしの芦屋ロックガーデンと雨ヶ峠の急坂、そして最後の長い登りとなる七曲りの三カ所が、このコースの核心部となる。

六甲山は標高こそ一〇〇〇メートルに満たないが、すぐ近くに海があるため登山口の海抜も低い。登山口の芦屋川が標高三〇メートルなので、標高九三一メートルの山頂まで九〇〇メートルの登りとなる。これは標高一五〇〇メートルの上高地から二四〇〇メートル付近まで登るのと同じ標高差だ。

本庄橋跡を渡り、七曲りの登り口に取り付いたら、後は気力と体力を振り絞ってひたすら登るだけだ。一軒茶屋の建物が目に入ったときにはホッとした。時刻はちょうど一二時になっていたが、昼食を食べる前にまずは山頂を往復してくることにした。

山頂は一軒茶屋からさらに五分くらい登ったところにある。

頂上は広場のようになっていて、「六甲山最高峰９３１ｍ」と書かれた山頂標識が立っていた。最高峰直下は見晴らしが利いて、大阪湾が一望できる。

ワイフは頭が痛くてふらふらすると言っていたが、いくら山頂とはいえ、高山病が発症するような高度ではない。一軒茶屋に戻ってランチを食べたらコロッと治まったのを見ると、お腹が減って低血糖になっていただけだった。

まだ歩いて下山しなければならないので、ビールもほどほどにしておいた。北側斜面となる裏六甲は、道が凍ってカチカチになっている。樹木の枝も霧氷で真っ白だ。ただ積雪はなかったので、アイゼンの出番はなかった。

滑って転倒しないよう慎重に魚屋道《ととやみち》を下山し、有馬温泉街が見えるとようやく安堵の胸をなで下ろした。緊張感から解放されてお腹が空いたのか、ワイフは土産物屋に入るといきなり温泉まんじゅうを頬張っていた。

歩数計によれば、この日の歩数は二万八〇五八歩、歩行距離一万六八三四メートルとなっていた。平坦路ではなく、高度九三一メートルを登って下りたのだ。

これまでで一番大きな達成感を味わった登山はどれかと尋ねられたら、ごろごろ岳初登山と槍ヶ岳登頂を別にして、この六甲山最高峰の登頂だと答えるだろう。

真冬の厳しい条件の下、誰のガイドもなく六甲山最高峰に登頂を果たしたことは、その後の大きな自信につながった。

ステップ❻

お楽しみ

油コブシ

あと1年7カ月

六甲山最高峰の登頂も無事果たし、気持ちにも少し余裕が出てきた。何しろ、ほんの四カ月前までは、山登りどころか、普通に街中を歩くことさえ億劫だったのだ。

桜の蕾も膨らみ始めた三月の下旬、今度はどのルートを通って六甲山に登ろうかと登山地図を眺めていた。六甲山には主要な登山道だけでも何十本とあり、それらを組み合わせたハイキングコースとなれば、それこそ一〇〇通り以上のルートが存在することになる。まさに、どこからでも登れるのが六甲山だ。

古来より日本で登山といえば、信仰や修行の場という認識が強かったという。特に、富士山・白山・立山は日本三霊山と呼ばれ、山自体が信仰の対象となっている。四国八十八カ所の遍路や西国三十三所の巡礼も同様だ。

ところが、明治の末頃になると、神戸に居留していた外国人らがハイキングと称し、レジャーとして六甲山に登り始めるようになった。祈願や修練のためではなく、楽しみながら山を歩くのがハイキングだ。なので、六甲山に登る人たちを、伝統的にハイカーと呼ぶ習わしがある。

このような歴史的経緯から、六甲山はレジャー登山発祥の地であり、そのため六甲山上にはレジャー施設に事欠かない。日本最古のゴルフ場である神戸ゴルフ倶楽部や日本のクラシックホテルの草分け的な存在である六甲山ホテルを始め、ミュージアム、植物園、レストランなどが数多くある。そして、これらの施設はシャトルバスで結ばれているる。また、六甲山上へは、二本のケーブルカーと三本のロープウェイが敷設されているので楽にアクセスできる。

一般的に山というのは、登るにつれて次第に険しさを増し、頂上には何もないのが普通だ。六甲山も登るのに苦労するのは同じだが、いったん山上に到達すれば、そこには何でもあるのだ。

私たち夫婦はヘタレには違いないが、筋金入りの食いしん坊だ。鼻先にニンジンをぶら下げられた馬のごとく、ご馳走にありつけると思えば俄然ファイトが湧いてくる。美味しいものを、美味しく食べるために、山登りをしていると言っても過言ではない。

六甲山の名物といえば、ジンギスカンだ。ジンギスカンは元々、マトンやラムなどの羊肉を使った北海道の郷土料理である。六甲山牧場では羊が飼われており、神戸ビーフも有名なので、焼き肉料理が六甲山の名物になったのかも知れない。私たちのお気に入りは、六甲ガーデンテラスにある六甲山ジンギスカンパレスだ。

今回はこの六甲ガーデンテラスをめざして、六甲山に登ることにした。これまでの山登りでは、初めてトライすることばかりで不安が大きく、まだ楽しみながら山歩きをするところまではいっていなかった。しかし、次第に山登りに少しばかり自信がついて、お楽しみ付きのレジャー登山をする余裕が出てきた。


最も早く六甲山上に到達できる登山道が油コブシだ。起点となる六甲ケーブル下まではバスが走っており、この登山口で既に標高が二五〇メートルある。標高七四〇メートルにある六甲山上駅までの距離は二・八キロ。コースタイムは一時間一〇分となっている。距離は三キロ足らずと短いながら、一気に高度を五〇〇メートルも上げるので、勾配はかなりキツイ。

　六甲山はかなり急峻な地形だが、山上は比較的なだらかな高原になっている。いったん六甲山上まで登れば、後はゆるい上り坂の道をさらに三〇分ほど歩いて、標高八九〇メートルの六甲ガーデンテラスに辿り着ける。

　バスで六甲ケーブル下に到着すると、これからケーブルカーに乗って六甲山に登ろうとしている観光客がいた。どう考えても、こちらの方が普通だろう。ケーブルカーを使えば一〇分で到着する山上駅まで、一時間以上かけて登ろうとしているのだ。傍から見れば、物好き以外の何物でもない。山登りを始める前の私なら、きっと変人扱いしていたに違いない。観光客から登山者への変身ぶりに、自分でも驚くとともに、少し誇らしさも感じた。

　老人ホームを通り過ぎたところに登山口があり、いきなり急な階段で始まる。しばらく登って行くと分岐があり、「ゆるい道」と「きつい道」に分かれている。わざわざきつい道を選択する人がいるのかと思いながら、私たちはヘタレなので当然ゆるい道を選んだ。それでも、六甲山上への最短コースとあってかなりきつい。と、ここで大変な事態に陥った。

二人とも完全にガス欠になってしまったのだ。食いしん坊の私たちは、普段は健康のために断食をしている。朝食を抜く半日断食を毎日と、月に二回新月と満月の日に一日断食をしている。だから、旅行中を除いて、山登りの日でも朝は食べない。しかし、このときは前日に丸一日何も食べない断食の日だったので、いわゆる「シャリバテ」状態になったというわけだ。

身体に力が入らず、よたよた登っていくと、展望の開けた休憩所に出た。ベンチもあったので、ザックに入れていたカロリーメイトを二本ずつ食べた。すると、たちまち元気になったが、非常食がなければ動けなくなっているところだった。これを教訓に、新月と満月が山登りの前日に当たるときは、断食の日をずらすことにした。

山上まで登れば、ジンギスカンが待っているのだ。そう思えば、最後の頑張りが利く。そして、ようやくこの日の目的地、六甲ガーデンテラスにゴールした。キンキンに冷えたビールにラム・ランチの食べ放題。言葉にできない幸せだ。

これまでにも、もちろんクルマでだが、六甲ガーデンテラスを訪れたことはあった。しかし、家から二〇〜三〇分もあれば来られるところに、今回は歩いて登ってきたのだ。同じジンギスカンを食べるにしろ、美味しさは格別だ。

お腹が空けば力が入らないが、逆にお腹がいっぱいでも力は出ないものだ。ジンギスカンをたらふく食べたので、身体は気だるく重い。でも、六甲山なら心配はいらない。帰りは、ケーブルカーを使って楽チンに下山できる。

私たちにとって、お楽しみ付き登山は、達成感と満足感が同時に味わえる最高の趣味になった。

ステップ❼

山と温泉

有馬温泉

あと1年6カ月

登山と温泉は、とても相性がいい。二つでひとつというか、これはセットみたいなものだ。北アルプスに抱かれた奥飛騨温泉郷。そして、六甲山には有馬温泉がある。

私たちは、食いしん坊なだけではなく、大の温泉好きなのだ。美味しいものをお腹いっぱい食べ、温かい温泉にゆったり浸かり、ふかふかの布団でぐっすり眠る。私たち夫婦にとって、温泉旅館ほど幸せな気分になれるところは他にない。

六甲山ハイクで一番人気があるのが、芦屋ロックガーデンから六甲山最高峰をめざし、魚屋道を有馬温泉に下山するコースだ。ロックガーデンの岩登りや七曲りの沢渡り、緑豊かな深い森を歩くこのコースは、変化に富んで飽きることがない。それに、六甲山の頂上を踏むことができるので、達成感もひとしおだ。まさに、六甲縦断のハイライトといえるコースだが、人気の秘密はゴールが有馬温泉だということに尽きるだろう。

日本三古泉・日本三名泉に数えられる有馬温泉は、太閤秀吉も正室のねねや、側室の淀と連れ立って何度も入湯に訪れたと言われている。泉質は含鉄・ナトリウム塩化物強塩高温泉で、空気に触れると茶褐色になり、そのため金泉と呼ばれている。

普通に訪れても素晴らしい温泉だが、六甲山を歩いて越えて来たとなれば、達成感も手伝って喜びは倍増だ。

六甲山最高峰登頂後、私たちは春夏秋冬、季節ごとにこのコースを歩いて有馬温泉に一泊するのが、何よりも楽しみな年中行事になった。

もちろん宿泊代は掛かるが、何しろ交通費がゼロなのだ。自宅を出発し、全行程を歩いて有馬温泉に向かう。山歩きの後に、温泉に浸かって、ご馳走を食べる。平日であれば、ゴルフを一ラウンドするくらいの値段で温泉旅行ができる。素晴らしいコストパフォーマンスだ。

旅館の宿泊予約係から「お越しはお車ですか」と尋ねられて、「家から歩いて行きます」と答えるのは、ちょっと愉快だ。

ＧＷを間近に控えた四月の下旬、萌えるような新緑の季節だ。緊張感と悲壮感すら漂わせながら、初の六甲山最高峰をめざした厳寒の二月と違い、今回は気候も気分も穏やかな中での出発となった。今夜はゆっくり有馬温泉に泊まれるのだと考えただけでも、ウキウキしてくる。

芦屋川から高座の滝を通過し、ロックガーデンを経て風吹岩に向かう登山道も、下見を含めてこれが三度目となる。道が間違っていないか心配しながらではなく、景色を楽しみながら歩くことができる。山登りというのは、本来こうでなくっちゃならない。

風吹岩でしばし、コーヒーブレイク。芦屋カンツリー倶楽部を横切って、雨ヶ峠の広場に差し掛かると、山ボーイ&山ガールのグループがいる。私たち中年山ボーイ&山ガールではなく、ヤング山ボーイ&山ガールだ。大学のサークルだろうか、初々しさが微笑ましい。ディスコフリークだった私の大学時代とえらい違いだ。

七曲りの沢を渡ると、後はひたすら最高峰をめざして登る。朝八時少し前に家を出発して、一軒茶屋に到着したのがちょうどお昼の一二時。この距離、この時間が、いかにも絶妙だ。これより短くても長くても、そして早くても遅くてもいけない。

特に早発ちすることもなく普通に家を出て、お昼ぴったりに茶屋に着く。生ビールでガソリン補給し、ランチは軽めに済ませる。何しろ、今夜は温泉旅館で夕食なのだから。お昼休憩を取ったら、魚屋道《ととやみち》を通って有馬へ下山する。家から六甲山最高峰までが九キロ、そしてここから、有馬温泉まで約五キロの道程だ。有馬温泉は裏六甲の中腹、標高四〇〇メートルくらいに位置しているので、山頂からは五〇〇メートルほどの下りになる。

ところで、魚屋道というのは、古い関西弁で魚のことを「おとと」と呼ぶことに由来する。六甲山最高峰越えとなる魚屋道は、過酷ながらも瀬戸内海で水揚げされた鮮魚を有馬温泉の湯客に運ぶための最短路となる。

魚屋行商人の商売根性は見上げたものだが、温泉客の方だって有馬まで歩いてきているのだ。今にしてみれば行商人も湯客も大変だったとは思うが、当時は歩いて行くよりほかなかったのだ。だから、それはごく普通のことで、特別な苦労だとは思っていなかっただろう。

凄いのは、今のハイカーたちだ。クルマやバス、ロープウェイで行けるのにもかかわらず、敢えて六甲山を越え、有馬温泉まで歩いて行こうというのだ。当時の湯客がこれを聞いたら、酔狂にも程があると思うはずだ。

二月に歩いたときには霧氷で真っ白だった樹木も、今回は若葉が芽吹いて深い緑の森になっている。裏六甲は道もなだらか、空気も綺麗で、本当に爽やかなトレイルだ。ちょうど二時に有馬温泉登山口にゴールした。有馬温泉には二十数年前からよく訪れているが、こんな所に登山道があるなんて全く気付かなかった。山登りを始めていなければ、生涯ずっと知らずじまいだっただろう。

チェックインまで少し時間があったので、温泉街を散策してみる。幾つかある有馬の源泉を巡ると、凄い迫力で湯けむりを上げている。山に囲まれた有馬温泉だが、温泉客や観光客の中にあっても、やはり登山靴にザックのハイカーは目立つ存在だ。

土産物屋の店員さんや旅館の仲居さんからも、「六甲山を歩いて来られたんですか。それは、ご苦労さまでした」と、驚きと労いの言葉が掛けられる。

山を歩いて疲れた足を、温泉に浸かってゆっくり癒す。金泉、銀泉に露天風呂、最高の気持ち良さだ。温泉でひと風呂浴び、浴衣に着替える。

汗を流してさっぱりしたら、お楽しみの夕食が待っている。まずはお造りで、冷酒を一杯やる。「その昔、行商人は今日私たちが歩いて来たのと同じ道を通って魚を運んできたんだな」と、ほろ酔い気分で物思いにふける。

部屋の窓を開けると、湯けむりが立ち昇る情緒たっぷりの有馬の温泉街。そして、温泉街の向こうには、今日登って来た六甲山が広がっている。達成感と満足感で、最高に幸せな気分だ。

こんなに幸福感を味わえるなんて、他では滅多にないことだ。ならば、クルマで行けば三〇分足らずの有馬温泉まで、家から六時間掛けて歩く。そんな酔狂も悪くはない。

ステップ❽

アルプスデビュー　岳沢&槍見河原

あと1年5カ月

槍・穂高登頂をめざして、半年間六甲山でトレーニングを積んできた。練習の成果を試すため、いよいよ北アルプスに向かう。

六甲山最高峰の登頂を計画したときも、まずは途中までルートの下見に出掛けた。今回も、北アルプスの山に足を踏み入れるのは初めてなので、予め下見ツアーを行うことにした。ワイフの誕生日のお祝いを兼ねたトレッキング・ツアーであり、五月の下旬に三泊四日の日程を組んだ。

気合いの程を見せるためか、それとも単に汗で頭が暑いからなのか、驚くことにワイフは長い髪をバッサリ切って、ショートヘアにした。子どもの頃からバレエを習っており、これまでずっと髪をロングにしていた。槍に登るまでは、ショートでいると意気込んでいる。

　五月晴れの朝、七時に自宅を出発。名古屋からはワイドビューしなので松本へ。そして、松本電鉄さらにバスを乗り継いで上高地へと向かう。夜行バスで夜中に出発し、明け方に上高地に到着するパターンもあるのだが、寝不足のまま山を登るのはいかにも身体にこたえる。そのため、ヘタレ夫婦の私たちは、基本的には登山口に前泊し、翌朝から行動するプランで臨んでいる。

　松本駅に到着すると、稜線付近に雪を抱いた北アルプスが見える。下見とはいえ、今回はあの山に初めて登るのだと思うと、胸が高鳴る。

　上高地バスターミナルの手前、大正池でバスを降りる。まだ午後の一時なので、足慣らしに散策しながらバスターミナルに向かうことにした。大正池の向こうに見える穂高連峰に向かって、エールを送る。これまでのようにただ眺めるだけではなく、明日は実際に登るのだ。

　一泊目の宿は、五千尺ロッヂだ。上高地には、いわゆる山小屋というものは少ないが、山小屋の雰囲気に慣れるため、今回初めてホテルではなく山小屋風のロッヂにした。部屋はこざっぱりとした和室だ。実はこの部屋、既に前年のうちから押さえていたのだ。グループでの登山であれば大部屋ということになるのだが、私たちは夫婦での山登りだ。個室の設定がなければ仕方ないが、設定があるのなら個室の方が何かと有り難い。先にも述べたように、私たちは気ぃ遣いのヘタレなので、個室だと誰に気兼ねもせず、自由気儘に起きたり寝たり着替えたりすることができるからだ。

経験豊富なガイド付きのツアーに参加せず、夫婦二人でこんな遠回りなことをしているのも、団体行動が苦手だからだ。私たちが移動にツアーバスを使わないのも、これが理由の一つでもある。決して、人嫌いというわけではない。むしろその逆で、初めて会った人とお喋りするのは大好きだ。ただただ、行動が極めてマイペースというだけなのだ。

というようなわけで、いつも受付が開始されるとともに予約を入れている。五千尺ロッヂは昨年の十一月十五日にネットで、二泊目の徳澤園は今年の二月一日に電話で予約を済ませていた。

一日目は上高地の散策と、明日のために穂高・岳沢《だけさわ》の登山口を確認しておいた。登山口は梓川右岸の自然探索路にあった。この木道は何度も歩いていたが、六甲山の有馬温泉登山口と同様に、これまで全く気付くことはなかった。

五千尺ロッヂは、朝食も夕食もバイキングなので、食いしん坊の私たちには有り難い。たらふく食べて、お風呂に入り、明日に備えて早めに床に就いた。

二日目の朝、ロッヂを出てすぐ側にある河童橋の上から、これから登る岳沢に向かって気合を入れる。上高地に来るたびに見ていた景色だが、まさかあそこに登ろうとは考えもしなかったところだ。これまで、穂高連峰は登るのではなく、あくまでも眺める山だったのだ。言ってみれば、額縁の中の絵を眺めているような感覚であり、実際に自分がその風景の中に入って行くなんて、想像も及ばないことだった。

岳沢小屋までのコースタイムは、登りが二時間三〇分、下りが二時間となっている。午前中に岳沢小屋まで往復し、上高地に戻ってランチを食べた後、今夜の宿泊地である徳沢に向かう予定だ。

最初は樹林帯の中を登って行く。初めて北アルプスの山を登るのでドキドキしたが、いつもの六甲山を歩いているのとあまり変わらないので安心した。しかし、次第に高度を上げて樹林帯を抜けると、遮るものが何もなくなり、身体ごと飛ばされそうなくらいの凄い風が吹き付けている。

ガレ場を登って行くと展望が開け、振り返ると出発してきた上高地平が眼下に見渡せる。初めて上高地を上から目線で見下ろす。そして、目の前には再来月に登る予定の西穂高岳が、物凄いド迫力で迫っている。ごつごつした岩がむき出しで、間近で見ると恐ろしい形相をしている。

さらに高度を上げて登って行くと、標高二〇〇〇メートル付近から登山道は積雪で埋もれている。先週岳沢小屋に電話をかけて確かめたところ、小屋まではアイゼンなしでも大丈夫ということであったが、少し前に雪が降って積もったみたいだ。

仕方なく、滑って転びかけながらも、何とか頑張ってキックステップで登って行く。次第に傾斜がきつくなり、岳沢小屋が見えたところで積雪の斜面に出た。アイゼンもピッケルもなく、もし滑ったら一番下まで止めようがない。岳沢小屋は目前だったが、止むを得ず引き返すことにした。

トレッキングブーツもミッドカットだったし、簡易アイゼンもなく、装備不足は明らかだった。雪で滑って本当に何度も尻もちをつきながらの下山となった。積雪がないところまで無事下りてきてホッとした。

再び、河童橋から今登って下りて来たばかりの岳沢を見上げると、とても感慨深かった。思わぬ積雪のために、途中撤退となってしまったが、アルプスデビューを経験したことで、自分としては満足だった。何しろ、北アルプスに登るのはこれが初めてなのだ。半年前に、上高地を訪れたときは、この周辺を散策しただけで脚が痛くなっていたのだから。

五千尺ロッヂに戻って預けていたザックを受け取り、トワ・サンクでお昼にした。ランチを食べた後、今夜の宿、徳澤園に向かった。明神より先は、未体験ゾーンだ。観光客のほとんどは明神で引き返すため、ここを過ぎると登山者の姿だけになってしまう。

午前中に五時間掛けて岳沢を往復してきたので、少々くたびれモードだったが、可憐に咲いているニリンソウのお花畑を見ると疲れも吹っ飛ぶ。徳沢のキャンプ場には、数多くのカラフルなテントが張られていた。

上高地から、二時間ほどで徳澤園に到着した。山小屋といっても、すごくお洒落で洗練されている。重厚な雰囲気が漂いながらもメルヘンチックで、ワイフもとても気に入っていた。

山小屋に泊まるのは初めてなので、勝手が分からずちょっとドキドキものだ。玄関ロビーには登山靴がずらっと並んだ靴箱があった。取り違えがないよう、ワイフのゾーツと自分のブーツの靴ひもを括りつけて、一緒に棚に並べておいた。

フローリングの床もピカピカに磨き上げられ、部屋のインテリアも可愛らしく、山小屋というより、さながらペンションのようだ。

お風呂は清潔で広く、メインダイニングはクラシックホテルのように格調が高い。この日はワイフの誕生日なので、夕食のときに乾杯してお祝いした。これまでの誕生日といえば、レストランでご馳走を食べてデパートで買い物をするくらいだった。しかし、今年は北アルプスの山の中で誕生日を祝っている。凄い変わりようだ。


昨日は穂高岳の下見に岳沢まで登ったが、今日三日目は槍ヶ岳の下見をするため、槍見河原に向かう。お昼過ぎには上高地まで戻らなければならないので、それ以上先に進むのは時間的に厳しかった。

五月の下旬とはいえ、徳沢の朝の冷え込みは厳しく、部屋に備え付けられていたダウンのコートを着て外へ出た。テント泊の人は寒くなかったのだろうかと、他人事ながら心配した。小屋泊まりの場合、持ち物は着替えだけで済む。しかし、テント泊となれば、まさに衣食住を背負って登るのだから、さぞかし大変だろうと思う。僅か数キロのザックを担いでヒーヒー言っているヘタレの私たち夫婦では、とてもじゃないが身が持たないだろう。

徳沢からも道はまだ平坦で歩きやすい。一時間ちょっとで横尾に到着した。涸沢方面に向かう横尾大橋の袂には、大型のザックにヘルメットをぶら下げた重装備の登山者がたむろしている。足元にゲーターを装着したり、ザックの中をもう一度整理したりと、準備に余念がない。ガチの山ガールがいたので、どこに向かうのか尋ねてみた。「奥穂」と短く答えると、入念にストレッチを繰り返していた。まだ雪が残っているので、登頂するのはさぞかし大変に違いない。

横尾山荘の前の広場には、「左11K上高地、右11K槍ヶ岳」と記された立派な道標が立っていた。距離的には、横尾がちょうど中間地点となる。しかし、時間的に或いは高度的に中間地点となるのは、槍沢ロッヂも越えたもっと先になるはずだ。

登山口の上高地から槍ヶ岳のコースタイムは登りが一〇時間五〇分。横尾までが三時間一〇分なので、この先まだ七時間四〇分も掛かる。時間的にはまだ三分の一にも満たない。一方、標高はどうかというと、起点となる上高地バスターミナルが一五〇五メートル、横尾が一六二〇メートルなので、僅か一一五メートルしか登っていないことになる。高さ三一八〇メートルの槍ヶ岳に登るには、あと一五六〇メートルも高度を上げなければならない。つまり、まだ一〇分の一も登っていないことになる。

　中間地点まで来たのかと思ったのも束の間、まだほんの触りに過ぎないことが分かり、槍ヶ岳がひどく遠くに感じられた。

　横尾大橋を渡って涸沢に向かう登山者に別れを告げ、私たちは横尾山荘の前をそのまま真っすぐに進んだ。これまでの平坦な広い道が狭くなり、険しい山道になってきた。山腹から沢に向かって、滝のように水が流れ込んでいる。登山道に掛けられた橋や飛び石を渡っていく。梓川の河原沿いの道を歩いていると、年末に歩いた六甲山のトゥエンティクロスを思い出す。但し、沢の流れも山の険しさも、六甲山とは比べ物にならないくらい雄大だ。北アルプスの規模の大きさが、まざまざと体感できる。

　樹林帯の中をさらに進み、槍見河原に出ると突如として槍ヶ岳が現れた。槍の穂先が、木々の間に顔を覗かせている。雲一つないブルーの空をバックに、グレーがかった岩肌に真っ白な残雪がまだら模様になっていた。

　遥か遠くとはいえ、初めて直に目にした槍ヶ岳は凄い迫力だ。本当に三角に尖っている。「来年は、あのテッペンまで登るんだ」と気合を入れたが、現実離れしているようで、はっきりとイメージすることができなかった。この時点でも、まだ槍ヶ岳は私たちにとってあまりにもかけ離れた存在だった。

それでも、しっかりと槍ヶ岳を目に焼き付けると、徳沢に引き返した。預けていた荷物を受け取り、徳澤園の食堂でお昼にした。ランチを食べ終わると、山を下りて昨日出発した上高地へと戻る。比較的緩やかな道だったとはいえ、万歩計を見るとこの日の歩行距離は一八キロ、三万歩を超えていた。

上高地バスターミナルで平湯温泉行のバスを待つ。半年前に訪れたときと全く同じ場所にいるが、自分の中で上高地はもうすっかり観光地から登山口へと変貌していた。アルプスデビューを果たし、下見も済ませた。お楽しみの温泉が待っている。後は、疲れた身体を温泉でゆっくり癒すだけだ。

今夜は奥飛騨温泉郷の平湯にある匠の宿、深山桜庵に泊まる。毎分五〇リットルもの温泉が湧き出ている源泉掛け流しの宿だ。露天風呂や檜の内湯はもちろんのこと、部屋についているお風呂も源泉掛け流しという温泉三昧。ワイフは、「もう、ここに住んでいたい」と、山行の疲れも忘れて上機嫌だ。

夕食は、お食事処で囲炉裏懐石。飛騨牛を備長炭の炭火で炙りながら、地酒で一杯やる。目の前には笠ヶ岳が雄大な裾野を広げている。

六甲山デビューのときも、途中の風吹岩まで下見に行って引き返してきた。今回のアルプスデビューも、特にピークは踏まない山歩きだったが、下見としては十分にその目的は果たされた。

もっとも、下見をして不安がなくなったわけではなかった。岳沢では恐ろしく切り立った西穂高岳の迫力ある岩稜を目の当たりにして、そして槍見河原では鋭く天を突くようにそびえる槍ヶ岳を目にして、自分たちに本当に登れるのか却って心配になったくらいだ。

ただ、漠然としていた対象物が、今回の下見により具体的な手応えとして感じられたことは確かだった。まだまだ課題は多かったが、実際に標高二〇〇〇メートル以上まで登ったのだし、ザックを担いで十数キロ歩く経験もできた。

下見が済んだら、いよいよ穂高の稜線に立つことと、登頂を果たすことが一年目の今年に残された課題になる。

ステップ❾

穂高稜線　西穂独標

あと1年2カ月

春に北アルプスの山を登って感じたことは、もっとガッチリした登山靴が必要ということだった。重いザックを背負ってガレ場や岩稜帯を歩くのは、日帰り用の小型ザックで土の道を歩く六甲山ハイクとは違う。それに、今の靴は長く履いていると足のくるぶしが痛くなり、いつも下山になると苦痛に苛まれていた。

そこで、アルプス登山のために、思い切って本格的なトレッキングブーツを新調することにした。あくまでも私の個人的な意見だが、靴に関する限り、イタリアやドイツのメーカーの方が日本のメーカーより一日の長があるように思える。これは、技術や性能の優劣によるというよりも、日本よりもヨーロッパの方が靴の歴史が遥かに長いというのが主な理由だろう。つまり、数字に表せないような履き心地など、ヨーロッパのメーカーの方が、これまで培ってきたノウハウの蓄積が断然に多いということだ。

そこで、新しいトレッキングブーツを探すため、ワイフと好日山荘に出向いた。くるぶしが痛くなるのが悩みの種だったので、この部分が固く感じる靴は最初からパスした。そして、ハイテクを駆使したような靴ではなく、温かみが感じられるオールレザーのブーツに的を絞り込んで、何足も試し履きを繰り返した。

私は幅広の足型にフィットするイタリアのシリオ、ワイフの方は甲の高さに余裕のあるドイツのローバがしっくりきたようだ。優しく包み込まれるような感触は、決して大袈裟ではなく、いつまでも靴を履いていたいと思うくらいの心地よさだった。それでいながら、しっかりとホールドされている安心感がある。同じ登山靴でも、これほどの違いがあるのかと本当に驚いた。


北アルプスに登る前に、まずは六甲山で新しいトレッキングブーツの足慣らしをした。カスケードバレーと呼ばれる谷道を登って杣谷峠に向かう計画だった。

ところが杣谷の入り口が二手に分かれており、本来なら右手の一般登山道に進むべきところを、不覚にも左手の摩耶山に向かう山寺尾根の道の方に入ってしまった。こちらは一般登山道と違って踏み跡もはっきりしない難路だ。思いも寄らず道なき道を登ることになったが、お陰でトレッキングブーツの性能を存分に確かめることができた。

この後さらに、冬と春に続いて夏の六甲山を縦断し、再び有馬温泉に向かった。靴の足慣らしもばっちり、熱中症対策にも万全の備えができた。それにしても、真夏の六甲山は暑い。夏山はアルプスに限るというのが、嘘偽りのない本音だ。

前置きが長くなったが、問題はアルプスのどの山に登るかだ。一年目の今年は、まだ下からまともに登るのは荷が重く感じられたので、途中までロープウェイで登れるところにした。つまり、夏は新穂高ロープウェイを使って西穂高の稜線をめざし、秋には駒ヶ岳ロープウェイを使って木曽駒ヶ岳に登頂するプランだ。これなら、ヘタレ夫婦の私たちでも大丈夫だろう。ちょっと軟弱な感じもするが、私たちにとっては、これが精一杯のステップアップなのだ。


七月の終わりから八月にかけて、三泊四日の予定で北アルプスに向かった。今回は上高地ではなく新穂高温泉から西穂独標をめざすので、ワイドビューひだに乗車し、まずは高山に向かう。午前中に高山に到着し、古い町並みを散策した。郷土料理の店に入り、お昼は飛騨の田舎料理を頂く。日本の原風景の面影が色濃く残る飛騨高山は、日本人の私でもその風情に惹かれるのだから、文化の異なる外国人にとっては一層興味深いはずだ。そのため、高山が外国人観光客に人気が高いのも頷ける。

さて、今夜の宿は、新穂高ロープウェイの駅が目の前にあるホテル穂高だ。アルペン風のプチホテルといった感じの外観だが、硫黄の臭いが凄い源泉掛け流しの露天風呂があり、そのギャップがおもしろい。

飛騨牛をメインにした懐石料理もボリューム満点。お腹がいっぱいになったところで、明日の登山に備えて早々にベッドにもぐりこんだ。

雲一つない真っ青な夏空が広がり、天気は上々だ。日帰りで、西穂独標まで往復してこなければならない。そのため早発ちしたかったが、ロープウェイの始発が八時三〇分となっていたので仕方がない。ホテルの窓から外を眺めていると、朝の早い時間に飛騨沢を登って飛騨側から槍ヶ岳をめざす登山者の姿が見えた。槍ヶ岳への最短ルートとなるらしいが、それでも往復のコースタイムは一八時間以上掛かる。新穂高温泉の登山口を歩いて出発するガチの登山者と、ロープウェイを待っている私たちとの間には、まだまだ大きな隔たりがあると感じずにはいられなかった。

新穂高温泉の標高が一〇九〇メートル。ここから、第一ロープウェイと第二ロープウェイを乗り継いで、一気に標高二一五六メートルの西穂高口まで上がる。山頂駅を降りると千石園地になっており、大勢の観光客らが散策している。海抜二〇〇〇メートルを超える山頂展望台からの眺めも申し分なく、山登りをしなくても十分に登山気分を味わえる。足腰が弱くなったお年寄りには、有り難いことだろう。去年までの私たちであれば、ここで引き返したであろうことは間違いない。

千石園地を通り抜け、西穂高登山口で登山届を提出する。登山届を出すのはこれが初めてなので、少し緊張しながら記入する。さて、ここからようやく本格的な登山道が始まる。途中で西穂山荘に立ち寄り、二七〇一メートルの西穂独標をめざす。西穂高口からの高度差は五四五メートルだ。ロープウェイがなければ、新穂高温泉から一六〇〇メートル以上の登りとなるので、日帰りで往復するのはとても無理だ。

樹林帯の中をゆっくり歩いて登り、約一時間半で西穂山荘に到着した。六甲山ほどではないが、真夏とあって結構暑い。脱水症にならないよう水分を補給し、いよいよ西穂高の稜線を登って行く。

西穂山荘を出発してしばらく登ると、森林限界を超えたのか、突如として視界が広がった。これまで樹林帯の中を歩いていても、場所によっては確かに展望が利くところはあった。しかし、視界を遮るものが何もない尾根を歩くのは初めての経験だった。ハイマツの稜線を歩いていくと、遥か向こうに西穂高岳、その少し手前に西穂独標が見渡せる。展望を堪能できる稜線歩きが、こんなに楽しいものだとは知らなかった。

二四五二メートルの標識が立っている丸山に到着すると、小学校くらいの幼い女の子が小石を積んで遊んでいる。こんな小さな子どもがここまで登って来たんだと、ちょっと驚きだった。

ハイマツに挟まれた尾根道は石がゴロゴロしていたが、足慣らしを終えたオールレザーの新しいトレッキングブーツは快適に歩ける。徐々に傾斜が急になって来るものの、見晴らしが良く、めざす頂きもはっきり見えるので余り疲れは感じない。

独標が近づいてくると尾根が狭くなり、道は岩場になった飛騨側に付けられている。左下がスパッと切れ落ちていて、初めて経験する高度感に足がすくむ。これに比べたら、須磨アルプスの岩稜歩きなんて可愛いものだ。ここを慎重に通過して、西穂独標の直下に出る。

見上げるような急斜面の岩場だ。こんなところを登っていけるのかと、その迫力に圧倒される。この春アルプスの下見で岳沢から眺めていた西穂高の岩峰が、まさしくこれなのだ。恐怖感もあったが、覚悟を決めて岩場に取り付く。岩に白いペンキで描かれた丸印と矢印に従って登って行く。

頂上に辿り着くと、西穂高岳から間ノ岳《あいのだけ》と、奥穂高岳に連なる急進な岩稜が見渡せる。二七〇一メートルと記された西穂独標の標柱の前で、記念撮影をする。何とも言えない達成感だ。

昨年の秋、上高地のホテルのバルコニーから見上げていた穂高連峰の稜線に、今こうして立っているのだ。双眼鏡の中で豆粒のように見えていた人影。去年とは立場を代えて、私たちがその人影になっている。何だか、不思議な感じがする。

狭い頂上の崖っぷちから少し身を乗り出して、梓川の流れる上高地を見下ろす。まるで、飛行機から眺めているような高度感だ。標高からいうと一二〇〇メートルくらい下まで見下ろしているのだろうか。しばらく眺めていると、奈落の底に落ちて行くような気分になる。

登頂を果たして、下山に取り掛かる。恐々ながらも、急斜面の岩場を慎重に下降していく。独標直下の鞍部までもう少しというとき、ブーツの爪先が岩に突っかかって、ワイフが転倒した。かなり傾斜は緩んでいたとはいえ、二〜三回転くらい転がってようやく止まった。一瞬の出来事だったが、転倒している間、ワイフは随分長い時間に感じられたらしい。全身が打ち身と擦り傷で、かなり痛そうだった。幸い骨折や捻挫は免れ、歩くのには支障がなかった。痛い代償ではあったが、この一件があって以降、下山にはより細心の注意を払うようになった。この転倒のお陰で、その後滑落のような大きな事故に遭わずに済んだともいえる。

さて、また例の足元が切れ落ちた狭い岩の道を通過しなければならない。岩肌に寄り添うように歩いていると、ズボンの左のポケットからバリバリという嫌な音がした。デジカメのディスプレイが岩に擦れて破損してしまった。登頂した後だったのが救われるが、これ以降写真を撮ることができなくなってしまった。正確に言うと、写真は撮れるのだが、どんな風に写っているのか確認できなくなった。

色んなハプニングに見舞われながらも、何とか西穂山荘まで戻ってくることができた。ランチには楽しみにしていた名物の西穂ラーメンを食べた。甘いものには目がないワイフは、さらにソフトクリームを注文して頬張っていた。これが、あとで悲劇を呼ぶとも知らずに……。

西穂山荘でゆっくり目のお昼休憩を取った後、ロープウェイのある西穂高口まで下山を開始する。コースタイムはちょうど一時間だ。一時間歩いて西穂高口まで来れば、後はロープウェイに乗って一気に新穂高温泉へ下ることができる。

もうそろそろロープウェイの駅かというところで、ワイフの足取りが何かおかしい。どうしたのか聞いてみると、ソフトクリームで冷えたのかお腹の調子が悪いらしい。早く西穂高口に辿り着きたいのはやまやまだが、一瞬でも気を緩めると悲惨なことになる。途中で漏らさないよう、そろそろと歩きながらようやく駅に辿り着いた。ソフトクリームを名物にしている山小屋は多いが、これを教訓にワイフは山登り中はソフトクリームを食べないようにしている。


無事に下山を果たした後は、お楽しみの温泉が待っている。新穂高ロープウェイの駅まで、旅館の人が迎えに来てくれた。

今夜の宿は槍見館。古民家風の風情漂う旅館だ。ロビーだけではなく、客室にも囲炉裏が設けられている。浴衣に着替えて温泉に入るため、ワイフが着ていたウェアを脱ぐと、身体のそこかしこに青あざが出来ている。それとは別に、何カ所かに擦り傷もある。転んだ拍子に、よほど酷く岩にぶつけたようだ。満身創痍とは、まさにこのことだろう。温泉の効能書きには、打ち身・擦り傷とあるので、ちょうど良い。槍見館というだけあって、露天風呂からは槍ヶ岳が見える。まだ現実味がないが、来年はあの頂上にのぼるんだなと、温泉に浸かりながらぼんやり考えていた。

囲炉裏端のある食事処で、飛騨牛や岩魚の炭火焼き、そして飛騨の郷土懐石に舌鼓を打つ。毎度のことながら、登山と温泉の組み合わせは最高に幸せだ。下山後の達成感と開放感の中で飲む酒も、もちろん最高に旨い。

ステップ⑩ ボルダリング　荒地山

あと1年0ヵ月

森林限界を超えて樹林帯を抜けると、ハイマツのような低木だけになり、道はゴロゴロしたガレ場を歩くことになる。土の道より歩きにくいことは確かだが、新調した本格的なトレッキングブーツなら全然平気だ。それに、岩稜歩きは六甲山の須磨アルプスでも既に経験済みだった。

ところが、穂高連峰の稜線をめざした前回の山登りでは、西穂独標山頂部への岩場の登りに苦労させられた。急峻な岩峰の登下降の訓練が必要なことは明らかだった。両手両足を全部使って急斜面の岩場をよじ登って行かねばならない。山歩きというより、岩登りだ。

めざす槍ヶ岳の穂先ともなれば、肩から高さ一〇〇メートルもある岩峰を登下降しなければならない。ロープなどで確保されないフリークライミング、つまりボルダリングの経験を積んで、岩登りに慣れておくことが大切だ。

ボルダーとは巨岩のことを意味し、ボルダリングとはこの巨岩をロープやハーネスなどの道具を一切使わずにクライミングすることを指す。一般的に六甲山の岩場は風化した花崗岩がほとんどで非常に脆い。しかし、六甲山にも巨岩が点在するボルダーワールドが存在する。それが、今回私たち夫婦がボルダリングに挑戦しようとしている荒地山だ。


この荒地山だが、実は通勤路から毎朝眺めている山だ。標高五四九メートルとそれほど高くはないが、視界を遮るものがないので、山の斜面にむき出しになった岩まで良く見える。もちろん、自宅から歩いて直接登れる山だ。

途中までは、芦屋川からロックガーデンを通り六甲山最高峰をめざすルートと同じだ。ただし、高座の滝に出る手前で住宅街を右に曲がり、まずは城山方面へと向かう。

山芦屋町の一番奥に建っている住宅を抜けると、登山道が始まる。家のすぐ裏手が山になっている。この辺りの住民にとっては、そのまんま裏山だ。海岸沿いに住んでいる人たちが浜辺に出て散歩するのと同じくらいの気安さで山歩きができる。

ここから鷹尾山の山頂までなら小一時間も掛からずに往復できるので、毎日散歩がてらに登っている人も多い。鷹尾山は標高二七二メートルながら見晴らしも良い。そして、私たちの目的地、荒地山は鷹尾山からさらに一時間ほど登ったところにある。

荒地山の近くまで来ると、目の前に切り立った岩の壁が立ちはだかっている。まさかこの断崖を登るとは思っていなかったワイフは、「今日の山登りはここで終わりでしょ。どこから下山するの」と聞いてきた。しかし、まだ山登りが終わったわけではなく、ここをよじ登っていくのだと知って言葉を失っていた。


岩場を進んでいくと、荒地山の核心部となっている「岩梯子」が現れた。高さ数メートルの階段上の巨岩だ。梯子が掛けられているわけでもなく、鎖すら張られていない。こんな岩をどうやって登ればいいのか途方に暮れていると、後からかなり年配の男性がやって来た。「済みませんが、どうやって登るのか見本を見せてくれませんか」と、お願いした。するとその男性は、僅かな岩の出っ張りや窪みに手や足を掛け、器用にするするとよじ登っていった。

手掛かりとなる岩の凹凸を頭に入れて、まずはワイフが先行した。ワイフは身長が一五四センチと小柄な方なので、なかなか男性と同じようには手や足が届かない。下の方から私が指示を出した。たとえ足の置き場が確保できたとしても、脚力がないため身体を持ち上げるのが難しそうだ。

巨岩と悪戦苦闘しながら何とかワイフが登り切ると、今度は私の番だ。岩の出っ張りは僅かで、もし滑って踏み外せば転落してしまいそうだ。ある程度練習してコツを掴まなければ、確かに岩登りは難しい。岩梯子の上部まで登ってあと一息というところで、高度計付きの腕時計が岩に擦れてガリガリと音を立てた。擦り傷が出来た腕時計を見る度に、今でもこのときの場面が思い起こされる。これでも壊れなかったところをみると、スントは謳い文句の通りかなりタフな腕時計だ。

岩梯子を登り切ってさらに進んでいくと、今度は新七《しんしち》右衛《え》門嵓《もんぐら》と呼ばれる岩棚が出てくる。ここには、ザックを外さなければ通れないほどの小さな穴がある。先に通り抜けたワイフにザックを手渡し、私もこの岩穴をくぐったが、太っているとにっちもさっちも行かなさそうだ。ダイエットしていて良かったと、心からそう思った。今はダイエットして六〇キロ台半ばだが、以前は八〇キロ近くあったのだ。

こうやって、岩梯子と新七右衛門嵓の二つの難所をクリアし、やっとのことで荒地山の山頂に到着した。標高は初登山で登ったごろごろ岳と大して変わらないが、難易度はめちゃくちゃ高い。

下山は風吹岩を経由し、ロックガーデンを下る。風吹岩から荒地山を振り返った。よくぞあんな岩肌をよじ登ったものだと感心した。登山のガイドブックによく出てくる三点確保も、実際に身体で体験し覚えることができた。槍・穂高に登る前に、この辺の人が荒地山に登って足慣らしをするというのが理解できる。

ただ岩梯子といっても、たかだか高さは数メートル。もし転落しても致命傷を負う

ことはない。しかし、槍の穂先は高さが一〇〇メートルもある。難所には梯子が掛けられ、鎖も張られてはいるとはいえ、高度感の凄まじさは桁違いだろう。

苦労もあったが、非常に達成感のある山登りとなった。帰りは例によって、あの食事処ようちゃんに立ち寄り、一杯ひっかけてから家に帰った。

来週はいよいよ中央アルプスの最高峰、木曽駒ヶ岳に登頂する。さて、今日の練習の成果を活かせるのだろうか。

ステップ⑪ アルプス初登頂 木曽駒ヶ岳

あと1年0カ月

十月を迎え、再び私たちの結婚記念日が巡って来た。春には、これまで観光客として河童橋から眺めているだけだった岳沢に登った。さらに、今までは明神で引き返していたのを、徳沢・横尾を越えて穂先の見える槍見河原まで歩いた。そして夏には、去年上高地のホテルのバルコニーから見上げていた穂高連峰の稜線、西穂独標に立つことができた。

さて、西穂独標もピークの一つには違いないが、西穂高岳の頂上を踏んだわけではない。そこで今年の結婚記念日には、中央アルプスの主峰に登頂する計画を組んだ。

木曽駒ヶ岳は中央アルプスの最高峰で、標高は二九五六メートルだ。しかし、起点となる千畳敷で既に標高が二六四四メートルあるため、山頂との標高差は僅か三〇〇メートル余りしかない。コースタイムは登りが一時間五〇分、下りが一時間二五分となっている。数字で見る限りは、ヘタレ夫婦でも山頂を踏める勝算は十分にありそうだ。

北アルプスと違って、中央アルプスへのアクセスは大変だ。大阪から新幹線と特急ワイドビューしなのを乗り継いで塩尻へ。今度はローカル線に乗り換え、中央本線で岡谷、さらに飯田線で駒ヶ根へと向かう。駒ヶ根からは路線バスに乗ってしらび平で降り、ここから駒ヶ岳ロープウェイでようやく千畳敷駅に到着だ。朝八時に自宅を出発して、ホテル千畳敷に辿り着いたのは午後の三時過ぎだった。

何度も列車を乗り換えるのが大変なら、何で登山口までクルマで行かないんだと、不思議に思う人もいるかもしれない。長距離の運転がしんどいというのもあるし、下山して疲労の中を運転するのは事故につながる懸念もある。それに、私たちには登山付きの温泉旅行をしているという感覚があるので、車窓の風景を楽しみながらのんびり旅するのが好きなのだ。

駒ヶ根から路線バスに乗ると、標高が上がるにつれ途中の山々が色づき、美しい紅葉が見られる。バスに揺られること小一時間ほどで、しらび平に到着。ここで既に標高が一六六二メートルある。ここからロープウェイに乗ると、僅か七分で一気に高度を九五〇メートル上げて千畳敷に着く。千畳敷駅とホテル千畳敷は、共に日本一高い所にある駅とホテルとして知られ、標高二六一二メートルに位置している。駒ヶ根駅を出たときは長袖のシャツ一枚だったが、千畳敷に到着するとダウンジャケットを着込まねばならないほど気温が低下している。

日が暮れる前に、千畳敷カール内に設けられた遊歩道を散策することにした。紅葉は既に見ごろを終え、寒々しい雰囲気が漂っていた。夏に来れば、見事なお花畑が広がっているのだろう。

カール内を歩いていると、気分が悪くなってきた。頭痛と悪心、それにめまいがしてふらふらする。こんな経験は初めてだが、高山病であることは明らかだ。バスとロープウェイで標高二六〇〇メートルまで急激に高度を上げたのが原因だ。空気が薄いため酸欠状態になっているのだ。こんなときは横になって休息するのではなく、歩き回った方が早く高度順応できる。夕食の頃には、高度障害の症状はほぼ消失して事なきを得た。ワイフの方は、全然大丈夫とのことだった。

ホテルの窓からは千畳敷カールが一望できる。雲一つなく空は晴れ渡り、空気はどこまでも澄んでいた。日が暮れて夜の帳が下り、随分冷え込んでいたが、ホテルの外に出てみた。満天の星が、プラネタリウムを見ているように、天空いっぱいに広がっている。ハネムーンで訪れたモルディブで見た星空と、甲乙付け難い美しさだ。

感動を胸に部屋に戻り、明日の準備を済ませると、早々に布団にもぐりこんだ。

翌朝は早起きをしてご来光に備えた。次第に空が赤く色づいてくると、南アルプス越しに富士山が見える。程なくして、南アルプスの山際から太陽が顔を出してきた。眼下には雲海が広がり、壮大な眺めだ。

ホテルの反対側に回ると、千畳敷カールが朝日で真っ赤に染まっている。火星かどこか別の星に降り立ったような不思議な風景に思えた。

日が高くなると、山肌は本来の色を取り戻し、真っ青な秋晴れの空に千畳敷カールがくっきりと姿を現す。

朝食を食べ終わり、モーニングコーヒーを飲みながら、持ってきた双眼鏡でこれから登る千畳敷カールを眺めてみる。木曽駒ヶ岳への尾根道は比較的なだらかで広いとはいえ、まずは千畳敷カールの急斜面を登って乗越《のっこし》浄土に出なければならない。

カール壁はどう見ても絶壁にしか見えない。双眼鏡で覗き込むと、登山道がジグザグに付けられ、八丁坂と呼ばれる上部には梯子が掛けられているようだ。

朝が早いからか、まだロープウェイで上がって来る登山客や観光客の姿はなく、ほぼ一番乗りで千畳敷を出発した。出だしは、昨日到着してから散策した遊歩道を行く。しばらく歩くと八丁坂分岐があり、ここからカール壁を登って乗越浄土に続く八丁坂の登山道になる。

岩がごろごろして歩きにくいものの、ロープが張られよく整備された登山道は、道迷いや転落の心配はない。カール壁の上部に登るにつれ傾斜は急になるが、道がジグザグに付いているので、少しずつだが着実に高度を上げていける。梯子も、そんなに急ではなかった。ただし、迫りくるカール壁の岩肌は、恐ろしいほど切り立っている。

カール壁の急坂を登り切り、乗越浄土に出れば、目の前には広々とした別世界が広がっている。振り返ると、出発してきた千畳敷ホテルが眼下に小さく見える。こちらの方は、スプーンでえぐり取られたような崖っぷちになっている。

昨夜初雪が降ったようで、ハイマツの濃い緑と真っ白な雪のコントラストが鮮やかだ。空は相変わらず雲一つなく、宇宙に近づいているのか青というより紺色に見える。穂高の稜線と違って、尾根は広く恐怖心は起こらない。

まずは、宝剣山荘の向こうに見える中岳に向け歩いて行く。中岳の山頂に着くと、ようやくめざす木曽駒ヶ岳が見えてくる。中岳の山頂からいったん鞍部に降りて、今度は木曽駒ヶ岳に登り返すのだが、中岳の北斜面は岩が凍てついてカチカチに凍っている。鞍部から木曽駒ヶ岳に登る南斜面は全く凍結していない。太陽の光が当たる南斜面と当たらない北斜面では、様相が全く異なっているのに驚いた。

なだらかとはいえ、山頂に近づくにつれ傾斜はきつくなる。中岳から三〇分ほどで木曽駒ヶ岳の山頂に到着した。頂上には「標高二九五六ｍ」と刻まれた標柱が誇らしげに立っている。中央アルプスの最高峰だけあって三六〇度の大パノラマが広がっている。視界を遮るものが何もなく、遥か遠くどこまでも見渡すことができた。北アルプスもはっきり見え、槍ヶ岳も顔を覗かせている。

来年の結婚記念日は、本当に槍の穂先でお祝いできるのだろうか。めざす槍ヶ岳をしっかり目に焼き付け、木曽駒ヶ岳の山頂を後にする。中央アルプスの主峰に登頂を果たせたことで、晴れ晴れした気分だ。何しろ今年の初めには、まだ六甲山最高峰に登れるのかどうかも不安でいっぱいだったのだ。

下山していると、木曽駒ヶ岳をめざして続々と登って来る人たちとすれ違う。乗越浄土からは、再び千畳敷カールの絶壁を急下降しなければならない。西穂独標直下で転倒したワイフも、あれからは慎重に下山している。

八丁坂のジグザグ道を下りていると、大勢の中学生が団体で登って来た。いったいこれは何なのか聞いてみると、長野県の中学校で実施されている集団登山とのことだった。学校登山で中学生のときから山に登って（登らされて）いれば、何でわざわざ中年になってから山登りなんか始めるのか、きっと理解に苦しむことだろう。

ザックを背負った私たちが信州や奥飛騨の温泉を訪れると、たいてい山の話題になる。しかし、旅館の女将さんや仲居さんからは、「子ども時分にはよく登っていましたが、大人になってからはもう山登りは……」というような口振りになることが多い。中学校の集団登山で有無を言わさず山に登らされれば、却って登山嫌いを作ってしまうことにもなりかねない。

登山道ですれ違うときには、登り優先となる。集団で八丁坂を登ってくる中学生をやり過ごしながらの下山となるため結構時間を要した。元々私たちは歩くのがゆっくりだし、立ち止まっている間はちょうどいい休憩にもなるので、下りるのに時間が掛かるのは余り気にならなかった。ただ、この中学生たちは皆とても礼儀正しく、すれ違う際に「こんにちは～」と、きちんと挨拶をしてくる。もちろん、こちらも挨拶を返すのだが、何百人もの中学生に「こんにちは」と声をかけるのは、想像以上に大変だった。

無事下山を果たして千畳敷まで戻ってくると、緊張感が解かれて一気にお腹が空いてくる。今回は、ワイフも転倒することもなく、後はご馳走を食べることと温泉に浸かることで頭がいっぱいの様子だ。

ロープウェイで下に降りるまで辛抱できず、千畳敷ホテルでランチをいただくことにした。名物になっているソースカツ丼だ。蕎麦が名物なのは分かるが、なぜカツ丼が信州の名物なのかはよく分からない。カツ丼といってもだし汁や卵でとじているわけではない。ご飯の上に千切りキャベツとトンカツが乗っかっており、ソースがかけられているる。トンカツとキャベツの千切り、それにご飯が別々になっているトンカツ定食を丼にしただけだ。B級グルメには違いないが、これはこれで意外に美味しい。土産物屋では、ソースカツ丼用のソースが売られているくらいだから、やはり名物なのだろう。

ホテルで預かってもらっていたザックを受け取り、ロープウェイに乗って下山する。達成感を存分に味わった後の打ち上げ気分といったらいいのだろうか、山登りを終えた後の緊張感から解放感へのギャップが好きだ。とりわけ登山を終えた後に入る温泉は最高だ。ただビールを飲むだけでも美味しいが、ひと仕事終えた後に飲むビールが格別なのと同じことだ。

今回の温泉宿は、和みの湯宿なかやまだ。のどかな雰囲気が漂う駒ヶ根の里山にある。部屋には露天風呂も付いており、全てが源泉掛け流しの素晴らしい温泉だ。アルカリ泉なので、お肌もすべすべになる。ひと風呂浴びた後、浴衣に着替えてワイフもご機嫌である。

がっちりした登山靴を脱ぎ、下駄に履き替えて光前寺の周辺を散策する。このギャップも好きだ。山登りを始めるまで、知る由もなかった解放的な気分だ。

温泉だけでなく、料理も素晴らしい。この日が私たちの結婚記念日だと聞いて、冷酒をサービスしてくれた。メインの和牛の陶板焼きなど、地元の食材を活かした会席料理は全部で一二品もあり、お腹がいっぱいになった。

昨夜あれほど食べたのにもかかわらず、朝食もしっかり頂いた。健康のために、普段は朝食を抜き、夕食も粗食にしているので、旅行になると箍が外れて大爆発してしまう。

登山といえば、カロリーも相当消費しているはずだが、山から帰ってくるといつも体重が増えている。

ステップ⑫

山の紅葉

石切道

あと11カ月

登山はもちろん山に登ることには違いないのだが、山に登ること自体が目的でないことも多い。他に目的があって、結果的に山歩きをしているというような場合だ。

その昔、山に登るのは信仰や修行が目的だった。レジャー登山が主流になっている現在では、山登りの楽しみ方も実にさまざまだ。

例えば写真が趣味で、山でしかお目に掛かることのできない絶景をレンズに収めたいというのも、山に登る目的になるだろう。高度感あふれる大パノラマや色鮮やかなダケカンバやナナカマドの紅葉の写真を撮りたければ、自らが山に登るしかない。

山登りにおいては荷物を軽量化することが鉄則だが、彼らにとっては必ずしもそれが当てはまらない。コンパクトデジカメ派の私にとって、大きなレンズの一眼レフや機材を担いで山登りをしている人をみると驚くほかない。

さらに、コースタイムというのも彼らにとっては意味をなさないだろう。池に逆さに映し出される山の写真を撮ろうと思えば、水面が鏡のようになる無風のときが訪れるまで、何時間でもシャッターチャンスを待たねばならない。山登りの目的は必ずしも山頂を踏むことではないし、ましてや早く到着することでもない。

綺麗な空気を吸うことや、満天の星を眺めることだって、山に登る立派な目的だ。クルマの排ガスが充満し、夜でも人工の光で明るい都会にいては、そんなことは無理な相談だからだ。

森林浴は精神を安定させるリラクセーション効果があり、日頃たまったストレスの解消にもなる。マイナスイオンに満ちた森の中を歩けば、ＮＫ細胞が活性化されガンの予防にもなる。山登りをしていると、普段の生活の中では感じられないような爽やかな清々しい気分になれる。その上足腰も鍛えられ、生活習慣病も改善されるので、健康にいいのは明らかだ。

私たちが山に登るのは、非日常的な空間に身を置けるからかも知れない。歩いてしか見ることのできない素晴らしい景色があることは、山登りを始めるまで知らなかったことだ。舗装された道路を幾らクルマで飛ばしても、そんな絶景を見ることはできない。

季節感を肌で感じることができるのも山登りならではのことだ。年中空調の効いたビルの中で暮らしていては、季節の移り変わりに気付くことさえ難しい。私たちがシーズンごとに六甲山を縦断しているのも、季節によって表情を変える山の景色を味わいたいからだ。山もみじが真っ赤に染まる秋。樹木が真っ白な霧氷で覆われる冬。そして、森の木々が一斉に芽吹く新緑の春。夏は流れるような汗で、嫌でも暑い季節を感じさせられる。

目的が立派かどうかは別として、私たちが山登りをするもう一つの——そして最大の——目的は、達成感の中で美味しいものをお腹いっぱい食べたいということだ。この「達成感の中で」というところがミソだ。美味しいものを食べたいだけなら、敢えて山に登る必要はない。クルマで食べに行けば済む話だ。達成感の中でこそ味わえる深い満足感というものがある。それが、山登りのもう一つの醍醐味なのだ。

前置きが長くなったが、今回はステップアップというより、山登りの楽しみを存分に味わうためのプランだ。目標とする期限まであと一年を切った十一月、紅葉真っ盛りの六甲山で紅葉狩りをし、そしていつものゴール、六甲山ガーデンテラスでジンギスカンをたらふく食べようというわけだ。

六甲山上へ向かう今回の登山コースは石切道だ。この石切道というのは、切り出した御影石を搬出していた道である。御影石とは花崗岩から切り出された石材のことを指す。そして、石切道の起点となるのが、その名の通り阪急御影駅となる。

コースタイムは、御影駅から石切道登山口までが一時間半、そして登山口から六甲山上のガーデンテラスまでが二時間ちょうどとなっている。駅から登山口までのアプローチが長く、住宅街の中を歩くのと山の中を歩くのが半々といった感じだ。

今でこそ住宅街になっているが、宅地開発が進むまではそこだって立派な山だったはずだ。石切道登山口の標高は二九五メートル。登山口の手前にある住宅街、住吉台でも標高は優に二五〇メートルを超えているだろう。一方、御影駅の標高は四〇メートルだ。

ということは、この辺りの住民は、もし駅まで歩くとすれば、二〇〇メートルもの高低差を片道一時間以上かけて登り下りしなければならないことになる。休みの日にトレッキングするのならいいが、毎日の通勤となれば、時間的にも体力的にも現実的ではないだろう。山の手にあり過ぎてクルマやバスを使うことになり、環境に恵まれながら結局は普段歩くことがなくなる。実際、歩くというより登るといった方が相応しい。

それを考えると、私たちの自宅が絶妙な位置に建っていることに改めて気付かされる。駅までの距離が二キロ、高度差は五〇メートル、コースタイムは片道三〇分といったところだ。これでも以前は歩く気が失せていたが、歩いて通勤するにはぴったりだ。

これより近かったり低かったりすれば、ウォーキングとしては物足りない。逆に、これ以上遠かったり高かったりすれば、通勤や買い物など日常生活の中で歩くにはハード過ぎる。


さて、御影駅で降りると、まずは住宅街の中を通って白鶴美術館をめざす。六甲山の山の手には瀟洒な家も多く、外構や植栽を眺めながら歩くのも楽しい。

山に向かうにつれ、傾斜がきつくなっていく。当然のことながら道は全て急な坂になっている。こんなところで日常生活を送っている住民には感心させられるが、クルマのなかった時代に重い石を運び出すのは、どれほど過酷だっただろうか。

住宅街を抜けると、住吉川沿いは深く切り立った渓谷になっていく。さらに歩を進めて、ようやく石切道の登山口に辿り着く。駅からここまででも、立派な山登りだ。

登山口には御影石で作られた道標がどっしり据えられている。ここからは山道となり、本格的な登山道が始まる。やはり、舗装されたアスファルトの上を歩くのは味気なく、土の道を歩く方が断然楽しい。

途中に御影石の採石場があり、もの凄い数の御影石が積み上げられている。その昔は牛車と人力で運搬していたようだ。しかし、今はトラックで運び出すため、山の中にもかかわらず、ときおり味気ない舗装道路を歩かされる。

石切場を抜けると、つづら折りの急坂が始まる。御影駅が標高四〇メートル、めざすガーデンテラスの標高が八八〇メートル。三時間半で八四〇メートルも高度を上げることになり、そりゃ傾斜がきついはずだ。

十一月に入ると、一足早く山では紅葉が始まる。もっとも、標高の高い北アルプスではとっくに紅葉の時期は終わって、すっかり雪山になっているはずだ。高度を上げ、山の上に登るに従って、紅葉は鮮やかさを増していく。紅葉狩りを楽しみたいだけなら、お寺の境内など紅葉の名所を訪ねるのも良いだろう。

ただ、山登りを始めてからというもの、人の手が加わった自然に何となく違和感を覚えるようになった。緑でいっぱいのゴルフ場も人工的に感じるし、整備された公園に咲く草花も同じだ。手入れが行き届いている分、確かに綺麗だ。しかし、除草剤や殺虫剤などの農薬がふんだんに使われ、化学肥料もどっさり与えられているのだろう。それを思うと、美しいものを見ているのにもかかわらず何となく虚しい気分になる。

ところが、山の中で人知れず可憐に咲いている小さな花や、地味ながらも葉を赤く染めている山もみじをみると、生命の躍動を感じる。そして、溢れだしている生命力に、こちらまで元気付けられる。

山頂が近付くにつれ、毎度のことながら、泣きが入るわ、心臓はバクバクするわで大変だ。しかし現金なもので、ランチに食べるジンギスカンのことを思えば頑張りがきく。六甲山上の石切道分岐に出れば、六甲山ガーデンテラスまではあと僅かだ。

苦労しながら山を登り切って、ゴールに辿り着いたときの達成感は言葉にできないほどだ。最後まで頑張れた誇らしさと、辛さから解放される安堵感、それからご馳走にありつける嬉しさ、そんな感情がごちゃ混ぜになりながら一気に押し寄せてくる。

これが私のいう「やった感」、つまりは達成感だ。この幸福感を味わいたいがために、シンドイ思いをしながらも、また山に登るのだろう。そして、山登りは、シンドイ思いをする価値が十分ある。

ステップ⑬ 下山 摩耶山

あと5カ月

山の紅葉を楽しんだ十一月の石切道ハイクから、一気に半年飛んでいるが、この間山登りをしていなかったわけではない。六甲山は秋から春にかけてがベストシーズンであり、逆に最もよく山に登った時期だ。

ただこの頃になると、何か課題に取り組んでステップアップを図るためではなく、純粋に山登りを楽しんでいたという感じだ。

いつもは夫婦二人だけで登っていたが、秋の六甲山縦断ハイクと有馬温泉には、後輩と連れ立っての初めてのグループ登山となった。気心の知れた仲間と一緒だと、温泉宿でもいつもより盛り上がり、夫婦だけとは違った楽しさがある。あまりにも楽しかったので、これから毎年、秋のこの時期には紅葉真っ盛りの六甲山をハイキングして、有馬温泉で騒ごうという「お約束」になったほどだ。

新緑の春を待ち切れず、三月に入ったばかりの早春にも、芦屋ロックガーデンから六甲山最高峰を越え、魚屋道を下って有馬温泉に泊まった。このルートは、私たち夫婦にとっての六甲山の鉄板ハイクになっている。

また日帰りの六甲山ハイクも、ゴールは毎度ガーデンテラスながら、天狗岩南尾根ルートや東おたふく山から最高峰を回り込むルートなど、毎回趣向を凝らしながらアプローチした。六甲山は東西に約五〇キロも延びているため、登山ルートが豊富にあり、マンネリになることがない。摩耶山へも、沢沿いのトゥエンティクロスを通らず、急登の稲妻坂と天狗道を登ってアプローチもした。


ただ、六甲山で取り組む課題が一つだけ残されていた。それは下山である。六甲山にこれだけ登っているにもかかわらず、歩いて下山したことがほとんどないのだ。

六甲山上まで登ると、達成感からここぞとばかりにお腹いっぱい食べて飲むため、再び歩いて下山するという気力はとっくに失せている。六甲山上には、シャトルバスが巡回しており、ケーブルカーやロープウェイであっという間に下山できる。確かに、これが六甲山のいいところでもあるのだが……。

というようなわけで、達成感が味わえる山登りはしても、あまり達成感のない下山がなおざりになっていた。

登るのは体力、下るのは技術といわれている。山を安全に下りるのは、登るより難しい。実際、ワイフが西穂独標の下山中に転倒してケガを負ったように、山の事故が発生するのは、圧倒的に下山中が多い。登っているときよりも身体のバランスが取りにくいというのもあろうし、登頂を果たして気が緩みがちになるということもあるだろう。それに、山を下りる頃にはかなり疲労し体力が低下していることも原因の一つだろう。安全に下山するところまで、全て含めてが登山だ。

そのようなわけで、二週間後に迫った熊野古道小辺路《こへち》の縦走に向けて、今回は下山の練習と相成った。

下山コースは、摩耶山からトゥエンティクロスを下って登山口の新神戸まで。いつもとは、逆のルートを辿る。従って、ランチは六甲山上のジンギスカン食べ放題ではなく、神戸南京町に繰り出して中華料理のオーダーバイキングだ。コースは逆でも、下山後のお楽しみにランチ食べ放題というのは変わらない。

摩耶山までは、まず阪急王子公園駅から摩耶ケーブル駅まで歩き、そこからはケーブルカーとロープウェイを乗り継いで山頂まで行く。山頂までの所要時間はケーブルカーとロープウェイを合わせて僅か一〇分だ。

ただし、ケーブルカーの始発が午前一〇時と遅いため、幾ら早くても摩耶山を出発できるのは一〇時過ぎになる。トゥエンティクロス経由で下りるルートは距離が長いため、下りでも三時間以上のコースタイムを要する。

さらに新神戸から中華街のある神戸元町へは、地下鉄とJRを乗り継いで行かねばならない。なので、ランチにありつけるのは、お昼の二時過ぎになりそうだ。このタイムスケジュールが、今回の悲劇を生む背景になっていたのである。

新緑の五月、季節は申し分なく爽やかだ。王子公園駅で電車を降り、摩耶ケーブル駅までウォーミングアップがてら、ゆっくり歩いていく。いつも登山口まで歩いてアプローチするので、もうウォーミングアップは済んでいるという意識がある。従って、わざわざ登山口でウォーミングアップの体操をする必要性を感じていなかった。これもまた、悲劇の要因になっていた。

摩耶ケーブル駅で、ケーブルカーの発車を待つ。いつもは下山に利用しているケーブルカーに乗って登っていくので、少し感じが違って変な気分だ。始発に乗ったので、摩耶山の山頂には一番乗りで到着した。

いつもはへとへとになりながらようやく辿り着く山頂まで、たったの一〇分ほどだ。これでは確かに、達成感が感じられないのも仕方あるまい。山頂にある展望台からは、神戸の街並みや大阪湾がよく見渡せる。神戸の摩耶山掬星台《きくせいだい》からの夜景は、函館山（函館）・稲佐山（長崎）とともに、日本三大夜景に数えられている。

いつもなら六甲山上まで登ってきたら山登りは終わり、あとはランチを食べて帰るだけなのだが、今日の「仕事」はここからだ。

顎に膝（ニー）が付くくらいの余りの急坂にいつもは避けているアゴニー坂だが、今回は下りなので躊躇なくこのルートを選ぶ。下から苦しそうに登ってくる人を見ると、誠に気の毒に思えてくる。この急坂も、下りるのは楽チンだ。しかし、これがいけない。急坂こそ、膝に負荷が掛からないようにそっと下りるべきなのだ。

順調に三〇分ほどで杣谷峠に出た。そこから今度は穂高湖方面に向かって徳川道に入る。六甲山は登山道が四方八方に延びているため、やたらと分岐が多い。間違って下りるとんでもない所に行ってしまうので、何度も行ったり来たりしながら道を確かめた。そのため、二〇〜三〇分のロスタイムが出た。

徳川道に出れば安心だ。あとはトゥエンティクロスを下りていくだけだ。時間も押していたので、ペースを上げて下山していった。登りだと疲れが出るので、ペースを上げるといってても限度がある。しかし、下りはさほど体力を要しないので、知らないうちにオーバーペースになってしまう可能性がある。

また、階段状になっている坂道の下り方にも問題があったようだ。どすんどすんと、体重が膝に掛かるような下り方はご法度だ。

そんなこんなで、市ヶ原まで下りてきた辺りから、右脚に異変が生じてきた。腸脛靭《ちょうけいじん》帯炎《たいえん》、いわゆるランナーズニーと呼ばれているものだ。腸脛靭帯が大腿骨外顆と擦れることによって炎症を起こし痛みが発生する。多くはランニングにより発症するスポーツ障害なのでランナーズニーと呼ばれているが、もちろん登山中にも起こる。

ウォームアップ不足、休養不足で固い路面や下り坂で発症しやすいとされている。下山開始前に十分な柔軟体操をしなかったこと、時間が押していたためほとんど休憩を取らずに下山していたことが原因なのは明らかだ。

膝を曲げるたびに痛みが走るので、これは辛い。街中でのランニング中なら、走るのを止めてタクシーで帰ることも可能だ。しかし、ここは山の中だ。たとえ捻挫しようが骨折しようが、自力で下山するしかない。普通に歩けば、あと四〇分くらいで新神戸の登山口に着く。

布引の滝辺りまで下りてきたところで、ついに普通に歩くこともままならず、完全に足を引きずりながらの下山となった。悪戦苦闘しながらも、新神戸駅まで下山できたときはホッとした。前を見ると、私と同じところを手で押さえながら痛そうに歩いているハイカーがいた。気の毒に、彼もランナーズニーになったのだろう。

街までくれば、昇り降りはエスカレーターがあるので有り難い。しかし、平坦路を普通に歩くだけでも痛い。痛いが、頑張って中華街まで歩く。京華楼にランチ食べ放題プランの予約を入れてあるのだ。食いしん坊の根性たるや、見上げたものだ。

熊野古道小辺路縦走を二週間後に控えている。それまでにこの痛みは治まるのだろうか。そしてまた、小辺路の縦走中にランナーズニーが再発したらどうなるのか。市街地を山麓に抱いている六甲山とはわけが違う。とんでもなく人里離れた秘境なのだ。途中でエスケープすることはできない。

取るべき対策は、次の三つだ。

① 安静を保つため、痛みが治まるまでワイフに駅までクルマで送り迎えしてもらう。
② 膝の負担を軽減するスポーツサポーターを装着する。
③ ストレッチで十分ウォームアップし、下り坂は優しく歩く。

ステージⅡ

ミッドポイント

最終調整

階段を一歩一歩登り、ようやく踊り場まで辿り着いた感じだ。どこまでも遥か彼方にあった槍ヶ岳も、次第に現実味を帯びてきた。目標を射程圏内に捉えたら、あとは念入りに最終調整をし、確実にゴールに到達するだけだ。

登山経験が全くゼロの――いやもっとひどい、普段から全く歩く習慣のなかった――状態から、少しずつステップアップしてきた。

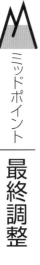

初登山以来、沢歩きや岩稜歩き、それに岩登りの経験も積んだ。六甲山最高峰の登頂を果たし、練習の成果を確かめるためにアルプスデビューした。穂高連峰の稜線に立ち、中央アルプスの主峰も踏んだ。

ただ、トレッキングのイベントやスクールに参加し、登山ガイドから技術的なノウハウを学んだわけではなかった。ド素人でヘタレの夫婦が、自分たちだけで試行錯誤を繰り返し、悪戦苦闘しながらのスキルアップだったので、さまざまな不都合にも見舞われた。積雪のある斜面の歩き方が不慣れで、装備も不十分だったため、途中で撤退を余儀なくされたこともあった。また、下り坂を歩く基本ができていなかったため、下山中にランナーズニーが発症した。

ランナーズニーによる痛みは数日で収まり、その後は普通に歩けるようになった。用心のためにトレッキング中は膝用のスポーツサポータを装着し、下りの足運びにも気を付けるようにしたお陰で、あのとき以来ランナーズニーが再発することはなくなった。

槍ヶ岳をめざすに当たって、経験すべき課題があと二つ残されていた。この課題が二つともきちんとクリアできれば、目標はロックオンされたのも同然だ。

一つ目は、登山口の上高地から槍ヶ岳まで約二〇キロ、往復で四〇キロ以上もの長い距離を歩かねばならない。果たしてこれだけの距離を歩き通せる体力があるのかどうか、事前に確認しておく必要がある。

二つ目は、標高一五〇五メートルの上高地から三一八〇メートルの槍ヶ岳まで、高度差一六七五メートルを登れるのかどうかだ。穂先の登下降は空身でも、槍ヶ岳山荘までは重さ数キロのザックを担いで登らねばならないのだ。

槍ヶ岳登頂という目標を達成するための最終調整が、この二点ということになる。

まず一つ目の課題をクリアするため、熊野古道小辺路の完全踏破を計画した。四日間で約七〇キロにも及ぶ山道を縦走しようというものだ。

次に二つ目の課題をクリアするために選んだ山が日本三大急登と呼ばれている北アルプス燕岳《つばくろだけ》の登頂だ。

西穂独標や木曽駒ヶ岳の頂上を踏んだとはいえ、途中までロープウェイを利用した日帰り登山に過ぎない。歩行距離も高度差もたかが知れている。担いでいたザックも携帯用の小型ザックだ。

重いザックを背負って、①何日もかけて長い距離を歩き、②登山口から山頂までの全行程を自分の足だけで登る。この二つが、ヘタレ夫婦に課された最後のミッションだ。

ステップ⑭

ロングトレイル 熊野古道小辺路

あと5カ月

ワイフの母上は散歩が趣味である。なので、ワイフを伴ってウォーキングを楽しめる旅行プランを立て、招待することにした。どこがいいのかいろいろ考えあぐねた末、世界遺産にも登録されている熊野古道はいかがでしょうかと提案した。

熊野古道は正式には「熊野参詣道」といい、巡礼者が霊場である熊野三山をめざして歩いた参詣道だ。大きく分けて四つのルートがある。紀伊半島西岸から向かい、海岸沿いに進む熊野参詣道大辺路《おおへち》と、山中を進む熊野参詣道中辺路《なかへち》。紀伊半島東岸から向かう熊野参詣道伊勢路、そして高野山と熊野三山を結ぶ道が熊野参詣道小辺路《こへち》である。神々の宿る聖地、熊野三山への参詣は平安時代の中頃から始まったとされる。千年以上に渡って人々が往来してきた由緒正しき古道だ。

　ワイフと母上には、湯の峰温泉と川湯温泉にそれぞれ一泊ずつし、人気の観光名所にもなっている中辺路を歩く二泊三日の計画を組んだ。二軒の旅館に予約を入れ、列車の往復切符を手配し、詳細な行程表を作成した。紀伊田辺と熊野本宮を結ぶ龍神バスが一日に五本しかないので、バスの時刻にだけは注意するように伝えた。

　いつもは私に付いていくだけでお気楽なワイフも、今回は母上を案内する立場となり緊張すると言っていた。

　熊野に到着した初日は、湯の峰

温泉周辺を散策。熊野古道ウォークコースとして、二日目に赤城越（七・一キロ／二時間二〇分）、三日目に発心門王子《ほっしんもんおうじ》〜熊野本宮大社（六・九キロ／二時間一〇分）を歩くプランを立てた。

ワイフに電話して様子を聞くと、熊野古道は世界遺産だけのことはありとても厳かな雰囲気で、温泉も素晴らしく料理も最高に美味しいと、いたくご満悦だった。熊野古道がそんなに素晴らしいのなら、よし私も行ってみようと思い、すぐさまワイフの旅行中に計画を練ってみた。

熊野古道のガイドブックを調べてみると、四日間で高野山から熊野本宮大社まで小辺路を歩き通すコースがあった。距離は七〇キロと気が遠くなるような道程だが、ロングトレイルの経験を積むにはもってこいだ。

ワイフの誕生日五月二十一日に出発し、四日間かけて熊野古道小辺路を完全踏破する四泊五日の縦走プランだ。去年の誕生日に北アルプス下見ツアーと称して、初めてアルプスデビューしたことを考えれば、この一年で随分成長したものだ。

熊野古道小辺路を完全踏破するに当たりルートを確認してみると、これが実に良くできている。歩行距離は四日間とも十数キロずつ、そしてコースタイムは六〜七時間となっている。そしてどの日も一〇〇〇メートル超の峠を越えていく。

これは、私たちのお気に入りの六甲山ハイク——芦屋ロックガーデンから六甲山最高峰を越え、魚屋道を有馬温泉に下山する——コースと、距離的にも時間的にも、そして高度的にもほぼピッタリだ。嬉しいことに、峠を下ってゴールに温泉があるのも同じだ。

六甲山ハイクと異なるのは、一日だけではなく、これが四日連続で続くということだ。そしてもう一つは、日帰り用のザックではなく、重量のあるザックを背負って歩かねばならないことだ。西穂独標や木曽駒ヶ岳の往復も、基本的には日帰りなので大きなザックはホテルに預かってもらい、サブザックだけのほぼ空身での登頂だった。

毎日十数キロ、四日間重いザックを担いで一〇〇〇メートル超の峠を登り下りしなければならない。山登りの経験値はかなり上がったとはいえ、問題はヘタレ夫婦に果たしてそれだけの体力が備わっているかどうかだ。

熊野古道小辺路は、聖地高野山と熊野本宮を最短で結ぶ参詣道だ。だから道は山の麓を回り込むようには通っておらず、一〇〇〇メートル級の峠を——容赦なく——何度もアップダウンを繰り返しながら、ほぼ一直線に高野山から熊野本宮へと向かう。

従って、いったん尾根に登れば、後はほぼ高度を保って歩ける稜線の縦走とは違う。麓にある集落から急坂を登って峠を越えては、また次の集落に下りていく。累積標高差でいえば、富士山を五合目にある登山口からではなく、樹海の広がる山麓から直に登るようなものだ。

小辺路完全踏破初日 ——水ヶ峰越——

初日は高野山から水ヶ峰を越え、大股へ向かう。歩行距離一六・八キロ、コースタイム六時間四〇分。

高野山へは難波から南海電鉄の特急こうやで向かうのだが、特急の始発に乗っても、極楽橋からケーブルを乗り継いで高野山到着は九時半頃になる。さらに、バスに乗って小辺路の起点となる千手院橋に向かわねばならない。早発ちしたいのはやまやまだが、高野山を出発できるのは一〇時が精一杯だ。本来なら奥の院に眠るワイフの父上のお参りを済ますべきだが、これ以上出発が遅れると夕刻までに到着できなくなるので、このまま発つことにした。

千手院橋でバスを降り、ゲーターを装着したりトレッキングポールを調節したりしながら縦走の準備を整えていると、バス停のベンチに腰を掛けていた老夫婦から、どこへ行くのかと声をかけられた。これから四日間歩いて熊野本宮に向かうのだと答えると、やや驚きながらも「気を付けて行ってらっしゃいね」と、優しく送り出してくれた。

一年半前に上高地バスターミナルで若いカップルの登山者を見掛け、どこに登って来たのか尋ねたときのことを思い出した。今や私たちは、尋ねられる方になったんだなと思った。

高野山に入ると、どこからともなくお経が聞こえてくる。そして、私たちの目の前を凄い数の修行僧が下駄を鳴らせて駆け抜けて行った。さすがは、天空の宗教都市と呼ばれるだけのことはある。修行僧の一団をやり過ごしてから、いよいよ小辺路完全踏破の一歩を踏み出した。

金剛三昧院の入り口を右に折れたところから上り坂となり、ゆっくりと林道を登って行く。この先七〇キロも続くロングトレイルに私たちは遂に踏み出したのだという思いで胸がいっぱいになった。これまで日帰り登山の経験しかなく、何日もかけて縦走するのは全く未知の体験だ。

大きな杉の木の中を通る山道は熊野古道らしい雰囲気が漂う。また尾根道は見通しもよく、周囲の山々を眺めながら快適に歩ける。大滝集落の辺りでランチにした。山上に辿り着けばレストランのある六甲山と違い、峠には何もないので毎日お弁当を用意しておく必要がある。

水ヶ峰から長い下り坂を歩き、夕刻五時前に大股バス停に到着した。野迫川《のせがわ》温泉にある一軒宿ホテル野迫川に連絡し、バス停までお迎えを頼んだ。高野山までは龍神スカイラインを通って二〇キロ、クルマなら四〇分程なので、出発した高野山まで送迎もしてくれる。それを朝から歩いて来たのだから、物好きな客だと思われているだろう。

この宿の名物は鴨（カモ）・猪（シシ）・雉（キジ）の三種類の肉を使った「カジキ鍋」だ。これら地元で採れた食材を醤油仕立ての出汁で頂く。今日はワイフの誕生日だと告げると、ワインをプレゼントしてくれた。

六甲山ハイク後の有馬温泉や、北アルプストレッキング後の奥飛騨温泉では、打ち上げ気分も手伝ってぱあ〜とやるのだが、何しろ今回はまだ初日。この先まだ三日間も残っているので、いつもと違って今夜は二人とも何気に自重気味だ。

去年は北アルプス徳沢の山小屋、今年は奥高野山の一軒宿。私たちが山登りを始めてから、誕生日の過ごし方もこれまでとは随分変わってきた。変わったのはそれだけではない。生活の全てが自然志向になってきた。

化学調味料や保存料が無添加な食品、そして農薬を使っていないオーガニックな食材。身に付ける物も、化学繊維ではなくオーガニックコットンやリネンなどの天然素材の生地で作られたもの。余暇もゴルフやテーマパークで過ごすより、自然の中で過ごすことが快適に思えるようになってきた。

小辺路完全踏破二日目　——伯母子峠越——

二日目は大股から伯母子峠《おばことうげ》（一二四六メートル）を越え、三浦口へ向かう。歩行距離一五・九キロ、コースタイム六時間三〇分。

お昼のお弁当を頼むと、お荷物になりますがと、野迫川太麺のお土産も一緒に渡された。昨夜カシキ鍋のシメに食べて大変おいしかった太麺だが、ずっしりと結構な重量がある。重くはなるが、せっかくなのでお弁当と一緒にザックに詰め込んだ。

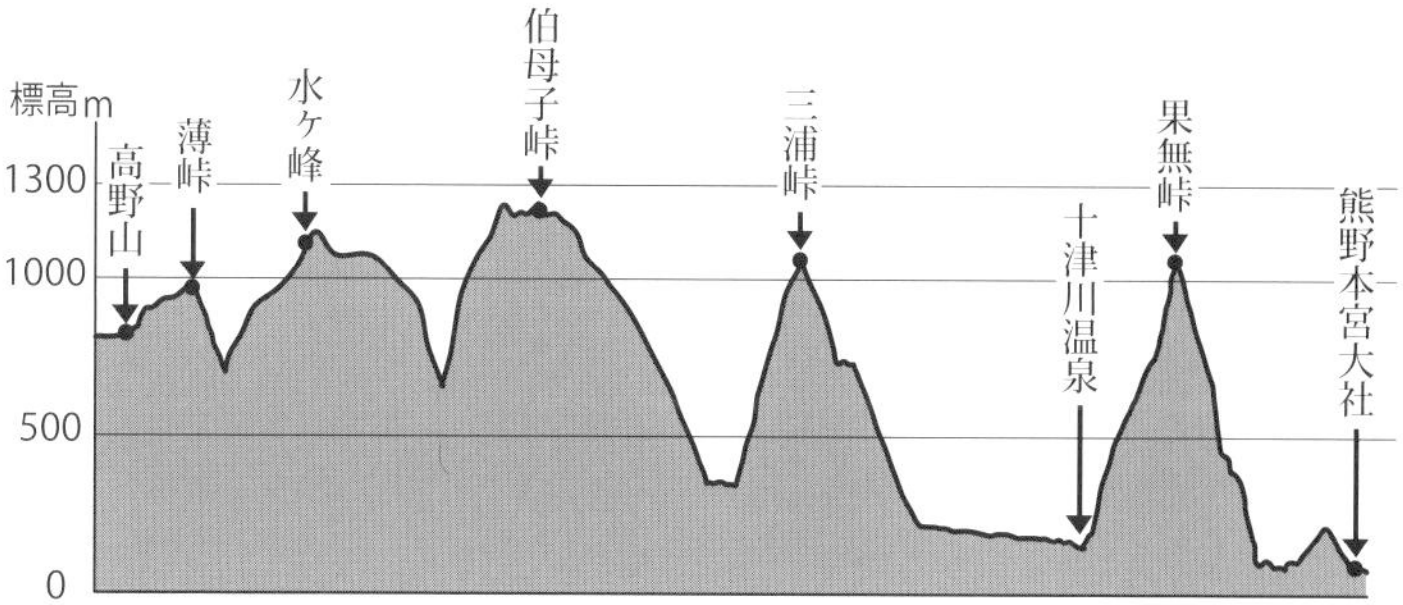

大股のバス停を出発すると、程なく伯母子峠登山口に着く。実際ここに来るまで、熊野古道小辺路を甘く見ていたことは確かだ。距離が長いとはいえ、あくまでも参詣道だ。登山道のようには険しくないだろうと。しかし、山道の入り口にはしっかり「登山口」と道標が立っている。梯子や鎖場はないとはいえ、山に入るときと出るときの坂道の強い傾斜は、参詣道という生易しさはなく登山道そのものだ。

大股を出て山に入るとすぐに急坂が始まる。小辺路縦走が厳しいのはここだ。スタート&ゴールとなる集落は山の麓を流れる川沿いにある。標高でいうと、七〇〇メートルにある大股を出発し、一二六四メートルの伯母子峠を越えて、四〇〇メートルの三浦口に到着する。下流になるほど川沿いの集落の標高は低くなるので、峠との高度差が大きくなる。従って、日を追うごとに凄まじいアップダウンが強いられることになる。

とはいえ、道中は爽やかな五月晴れ。新緑に囲まれた木漏れ日の中を歩くトレイルは誠に美しく快適だ。ただし、片側が崖になって切り立った幅の狭い道を歩くときは、滑落しないよう細心の注意が必要だ。

お昼前には伯母子峠に到着し、ランチにした。山小屋があったので、扉を開けて恐る恐る覗いてみた。いわゆる避難小屋のような感じで、一段上がったところが板敷になっているだけだ。中は薄暗かったが次第に目が慣れていき、そこで持ってきたお弁当を広げた。

お昼を食べたら、三浦口に向けて山を下って行く。途中には、上西家跡や水ヶ元茶屋跡、侍平屋敷跡などがあり、なるほど歴史を感じさせる古道だ。

急な石畳道を下りたところで一息ついていると、後方から団体がやって来た。その一団もそこで少し休息をとる様子だったので、大人数の集団に取り込まれないよう一足早く出た。

かなり先に出たはずだが、暫くすると凄い勢いで団体が迫って来る。伯母子峠の登山口まで下山し、三田谷橋を渡ると、そのグループは待機していた大型バスに乗り込んでいった。平均年齢は六〇代の半ばはいっているだろう。荷物はバスに預けて空身、古道を分割して歩くので行程は一日だけとはいえ、その健脚ぶりには恐れ入った。

さて、三浦口には温泉がない。温泉が湧き出していなくても構わないのだが、旅館やホテルといった宿泊施設がないのだ。民宿が二～三軒あるとのことだが、規模も小さく一日一～二組が限度だ。野宿するわけにもいかないので、小辺路縦走の日程を決めると同時に、民宿の予約を入れておいた。

この日お世話になったのは、農家民宿「政所」である。民宿といっても他人の家に泊まるようなもので、ちょっと気を遣う。しかも民宿に泊まるのは、これが初めてなのだ。しかし、女将さんの人柄は優しく、素朴な味の田舎料理を存分に味わった。ビールを何本か注文して飲むと、疲れも手伝って眠くなってきた。他にすることもないので、まだ八時頃だったが、明日に備えて寝ることにした。

小辺路完全踏破三日目　――三浦峠越――

三日目は三浦口から三浦峠（一〇八〇メートル）を越え、十津川《とつかわ》温泉へ向かう。歩行距離一九・二キロ、コースタイム七時間五〇分。

朝ご飯を食べ終わると、民宿の女将さんがお弁当を持たせてくれた。今日から小辺路縦走の後半戦である。ご主人と女将さんが外まで見送りに出てきてくれた。今日は三浦峠を越えて十津川温泉まで行く旨を伝えると、雲のかかっている遥か向こうの方に見える山が三浦峠だと教えてくれた。

いきなり気力が萎えそうになるくらい遠くに見える。しかし、そんなことは言っていられない。気持ちを引き締めて、三浦口の登山口へと歩いて行く。振り返ると、女将さんがまだそのままの姿で、いつまでも私たちを見送ってくれている。何だか、胸が熱くなる思いだ。

神納川《かんのがわ》に架かる吊り橋を渡ると登山口があり、

いつものごとく急な上り坂の山道になる。途中にある吉村家跡には、樹齢五〇〇年と推定される巨大な杉の木があった。まさに、もののけの道だ。

さらに登って行くと、「三十丁の水」と書かれた水場に出る。山から湧き出している天然のミネラルウォーターだ。冷たくてとても美味しい。高度を上げて行くと、樹林の間から昨夜泊まった民宿のある三浦口が遥か下に小さく見える。

一〇時過ぎに三浦峠に到着。標高一〇八〇メートルの山頂には、「ここが山の頂上です」と書かれた道標が立てられている。地元の五百瀬小学校の児童が作ったものだ。小学生がこんな山の上まで登って来たのかと驚かされる。

峠を越えると、長い下り坂が始まる。ちょっとした広場のようになっている出店跡にフランス人のカップルがいた。馬鹿でかいバックパックを背負い、山の中にもかかわらずTシャツにサンダルというワイルドないでたちだ。山伏たちは草鞋で歩いていたのだから、サンダルでも登れなくはないのだろう。

私たちとは逆に高野山へ向かうようなので、「グッド・ジャーニー！」と手を振り、互いに道中の無事を祈った。日本人でもこんな山深い秘境を訪れるのは容易ではない。ヨーロッパから遥々日本にやって来て、さらに熊野古道を歩こうというのだから本当に大したものだ。

それに比べ、せっかく日本まで来たのに、家電量販店やドラッグストアを連れ回される海外からのツアー客は本当に気の毒だ。昔の日本のパックツアーだって、行きたくもないショッピングセンターに連れて行かれたりしたのだから、モノから体験へという文化の成熟にはある程度の時間が必要なのかも知れない。

矢倉観音堂の辺りまで来たところでお昼になったので、側にあったベンチに腰掛けてお弁当を広げた。中には、大きなおむすびとともに女将さんの字で書かれた手紙が入っていた。そこには、私たちのことを「すごく上品だった」と褒めてあった。仲間同士のグループで泊まると、大いに盛り上がって飲んだり大声で騒いだりしてしまうのだろう。私たちが決して上品だとは思わないが、疲れて早く寝てしまったので、静かだったことは確かだ。

お昼を済ませたら、西中大谷橋バス停へと少し焦り気味に下山を急いだ。西中大谷橋から本日の宿泊地十津川温泉に行く村営バスが、午前と午後に一本ずつしか走っていないのだ。午後のバスは二時一分となっている。

遅れてはならないと、ランチもそこそこに済ませて急ぎ足で山を下りてきたが、逆に小一時間ほど早く着いてしまった。バス停といってもベンチがあるわけでもなく、私たち夫婦はザックを下ろし、軒先の地べたにしゃがみ込んでバスが来るのを待った。

大学生の頃でも、こんなバックパッカーかヒッチハイカーみたいな真似はしなかった。なのに、何で中年になってからこんなことしているんだろうと思うと、急におかしく思えてきた。空はどこまでも青く、物音ひとつしない。静寂の中で、まるで時間が止まっているようだ。


ようやくバスがやって来た。くねくねした幅員の狭い国道を三〇分ほどバスに揺られ、今夜の宿、十津川温泉に到着した。温泉地にはコンビニもあり、久し振りに見る「下界」は別世界のように感じられた。

十津川温泉郷は全国で初めて「源泉掛け流し宣言」を行い、温泉施設の全てが源泉掛け流しとなっている。温泉の湧出量が少ないと、同じお湯を何度も循環濾過させて使うことになり、雑菌の繁殖を防ぐため塩素消毒を行わざるを得ない。そうなれば、せっかくの温泉成分もめちゃくちゃになる。宿の部屋は特別ゴージャスでなくても構わないから、お風呂だけは源泉掛け流しの新鮮な温泉にゆったり入りたいものだ。

湖畔を眺めながら入る源泉掛け流しの露天風呂は素晴らしく、ボリュームたっぷりの田舎会席料理も申し分ない。はじけたいのはやまやまだが、あと一日の辛抱だ。明日の最終日に、みごと熊野古道小辺路を完全踏破できたら、思いっ切りはしゃごう。

明日の準備を整えて、この日も早めに床に就いた。

小辺路完全踏破最終日 ――果無峠越――

四日目は十津川温泉から果無峠《はてなしとうげ》(一一一四メートル)を越え、熊野本宮大社へ向かう。歩行距離一五キロ、コースタイム七時間三〇分。

いよいよ小辺路完全踏破の最終日を迎えた。気が張っているせいなのか、まだ筋肉痛は感じないが足はパンパンに浮腫んでいる。満身創痍ながら、よくぞここまで持ったものだ。

明け方、もう空はかなり白んでいたが、部屋の窓からまだ西の空に満月がくっきり見える。私たちが無事に踏破できるよう、微笑んでくれているようだった。

しっかりと朝ご飯をいただく。旅館の朝ご飯は栄養のバランスも取れていいものだ。

装備を整えて、さあ果無峠の登山口からいざ出発だ！　いきなり、急な登りの石畳が続く。しばらく登って行くと、果無集落に到着した。ここは世界遺産でもあり、日本の里一〇〇選でもある。絵に描いたような日本の原風景が残る美しい集落だ。

果無集落を抜けると、深い新緑に包まれた快適なトレイルが続く。疲れはピークに達しているはずだが、今日で最後だと思うと爽快な気分で歩ける。坂を登り、眺望が開けたところに出ると、さっき出発した十津川温泉が遥か下に見下ろせる。

長い急な階段を幾度か登って行くと、小辺路最後の峠、果無峠に辿り着いた。峠は広場のようになっており、お昼にはまだ少し早かったが腰を下ろしてランチにした。お弁当は地元の名物めはり寿司だ。山の中で食べるお弁当は、いつも本当に美味しい。

最後の難所、ここ果無峠を越えたらあとは下りだけだ。そう思うと少し気が楽になるのだが、ここは注意が必要だ。一〇〇〇メートルほどの下りになり、坂は急で滑りやすい箇所もある。登りは体力、下りは技術と言われている所以だ。転倒したり、ランナーズニーになったりしないように気を付けて下山しなければならない。

長い山道を下っていると、向こうから初老の男性がやって来た。峻険な参詣道である小辺路を観光客が歩くことはなく、そのため滅多に人と出会うことがない。声を掛けると、人に会ったのは今日これが初めてとのことだった。ずっと独りで歩いていて人恋しくなったのか、しばらく足を止めて立ち話をした。

伊勢神宮から熊野三山まで歩き、さらに小辺路を高野山に向かっているという。伊勢路だけでも一七〇キロある。前もって宿を決めるわけでもなく、気の向くまま熊野古道をあるいているとのことだった。熊野古道に限らず参詣道を巡礼するというのは、この男性のように一人で歩きながらこれまで生きてきた自分を見つめ直すのが本来あるべき姿なのだろう。

しかしその男性は、引退して時間を持て余しているので、道楽でいろんなところを歩いているのだと、自嘲気味に話してくれた。例え暇つぶしの道楽だろうと、ロングトレイルの練習だろうと、歩くことが健康にいいことは確かだ。

三十丁石辺りまで下りて来ると、熊野川の向こうにめざす本宮町が見えてきた。感無量で胸にこみ上げてくるものがある。

二時頃に下山を終え、八木尾に到着。ここから中辺路と合流する三軒茶屋跡までは、熊野川沿いのなだらかな国道を歩く。途中、道の駅「奥熊野古道ほんぐう」に立ち寄り、一息入れることにした。

身支度を整え、三軒茶屋跡に向かって再び歩き出す。三軒茶屋で中辺路と合流し、いよいよ熊野本宮大社への旅はクライマックスを迎える。年末にワイフが母上と訪れた中辺路に入ると、ワイフはこの道を懐かしく思い出したようで、解説しながら案内してくれた。

山深いとはいえ、この辺りは道も広く整備され歩きやすい。外国人観光客の姿が目立った。さすがに、私たちのような登山者の姿はほとんど見掛けることはなかった。

登山用の帽子を脱いで、ゴールの熊野本宮大社に入ってお詣りした。お賽銭を奉納し、旅の無事を感謝した。長かった熊野古道小辺路の完全踏破も、これで目的を果たすことができた。あとは川湯温泉で、ゆっくり旅の疲れを癒すだけだ。

最終日の宿は、川湯温泉の富士屋だ。目の前を流れる熊野川の支流、大塔川の河原を掘ればお湯が出る。宿でスコップと湯浴み着を借り、オリジナルの「マイ露天風呂」を作る。川底から湧き出す源泉は七〇度以上あるので、川の水を引き込んで混ぜ、程よい湯加減になるよう調整する。

天然の露天風呂から夜空を仰ぐと、ぽっかりと月が浮かんでいる。月明かりに照らし出された大塔川は幻想的だ。というより、河原に掘った穴に浸かっていること自体が非日常的な体験だ。

熊野牛をはじめとした紀伊山地の素材を使った懐石料理に舌鼓を打ち、今夜は存分に酔うことができる。

四日間かけて七〇キロに及ぶ熊野古道小辺路を、重いザックを担いで最後まで歩き通すことができたのだ。これで、ようやく「ヘタレ夫婦」は返上できそうだ。

達成感というより、やっとロングトレイルから解放された安堵感から、知らないうちに眠りについていた。

ステップ⑮

急登　燕岳

あと3カ月

熊野古道小辺路の縦走から戻ってしばらくは軽い放心状態になった。足の浮腫みと筋肉痛は、帰ってから数日間ほど続いた。

しかし、何だか人間が一回り大きくなったような自信がついたのは確かだ。そりゃそうだろう。四日間連続で一〇〇〇メートル級の峠を登ったり下りたりして、全長七〇キロに及ぶ縦走を果たしたのだ。小辺路を完全踏破できたのだから、もう何だってドンと来いという気分だった。やはり、経験に裏付けられた自信というものは大きい。

さて、これで一つ目のミッションは達成できた。高野山から熊野本宮まで七〇キロを歩き通せたのだから、上高地から槍ヶ岳まで二〇キロ、往復四〇キロの道程を往復することは恐らく私たちにも可能なはずだ。

次なる課題は、登山口の上高地から一六七五メートル高度を上げ、標高三一八〇メートルの槍ヶ岳まで自分の足だけで登れるのかどうかだ。

穂高連峰の稜線西穂独標も中央アルプスの最高峰木曽駒ヶ岳も、登ったことには登ったが、ほとんどロープウェイで高度を稼いだようなものだ。登山口から、標高二七〇一メートルの西穂独標へは五五七メートル、標高二九五六メートルの木曽駒ヶ岳に至っては僅か三二一メートルしか、自力で登っていない。

ロープウェイを利用するのがズルとは言わないが、ラクしていることは否めない。そして、楽することが別に悪いわけではないが、残念ながら槍ヶ岳にはロープウェイが付いていない。

とりわけ、去年私は標高二六四四メートルの千畳敷で高山病になっているのだ。空気の薄い三〇〇〇メートル級の山でも酸欠やガス欠にならず、自分の足だけで登る経験を積んでおかないことには、この懸念が解消されることはない。

燕岳登山の計画と準備

アルプスの女王と謳われるだけのことはあり、燕岳《つばくろだけ》は稜線がオブジェのような花崗岩で飾り付けられ、実に優雅で美しい山だ。

登山口から燕山荘まで五・五キロと比較的距離が短いので、一日で山頂まで登ることができる。ただし、標高一四六二メートルの燕岳登山口から、標高二七六三メートルの燕岳山頂まで一三〇一メートルの標高差があり、かなりの急勾配となる。実際、燕岳の稜線へ向かう合戦尾根は、剱岳の早月尾根・烏帽子岳のブナ立尾根と並んで、北アルプス三大急登と呼ばれている。

燕山荘までのコースタイムは、登りが四時間二〇分、下りが二時間五〇分となっている。燕山荘から燕岳山頂までは片道三〇分、一時間あれば往復できる。

さて、登る山が決まったらトレッキングツアーのプランニングだ。いつものことながら、予約の取りにくい所から優先して日程を組んでいくのが原則だ。燕岳登山の日取りは、梅雨が開ける七月下旬とした。

燕山荘のウェブサイトを覗いてみると、個室が全部で九室あり、オンライン予約となっている。受付開始は三月一日の午前九時から、シーズン中の全ての日が予約可能となる。準備万端整えて、九時ちょうどに燕山荘のウェブサイトにアクセスした。予約フォームに入力する事項が意外に多く、焦る気持ちを抑えて一つひとつ記入していった。さあ、これでＯＫと思ったら、当初予定していた週の土曜日はタッチの差で埋まってしまい、何とか前日の金曜日に個室を押さえることができた。

この間、受付開始から僅か数分。凄まじい競争率だ。個室のある山小屋はありがたい。何しろ私たち夫婦は、他人に気ぃ遣いの上に筋金入りのマイペースだからだ。

山小屋に泊まる日が決まれば、次は前泊地と下山後の温泉を決めていく。前泊は燕岳登山口にある中房《なかぶさ》温泉。燕岳から奥飛騨温泉郷へはアクセスが悪いので、下山後の温泉は松本から路線バス一本で行ける薬師平茜宿にし、それぞれオンラインで予約を入れた。

列車の切符は一カ月前からの発売になる。帰りの一カ月前に、行きの分も同時にまとめて発券して貰おうとしたら、夏休みの週末とあって、往路の普通指定席の並びは既に売切れとのこと。バラバラに座るのもイケてないので、仕方なくグリーンの指定を取った。復路は普通指定席が取れた。これを教訓に、これ以降は面倒でも行きと帰りの切符をそれぞれの発券日に別個に取ることにしている。

穂高から中房温泉への定期バスは一日五便しか運行していないので、このバスの時間を基に行動計画を立てた。

北アルプスとはいえ夏山だ。稜線に上がれば気温は低くても、山の中腹辺りを登っているときは暑いだろう。小辺路の縦走以来しばらく山に登っていなかったので、足慣らしに六甲山ハイクに出掛けた。

三〇度を超える猛暑の中、熱中症対策として、団扇と保冷材、それに半分凍らせた水を二リットル装備して長峰山に登った。山道に入るまで四〇分ほど住宅街を登るのだが、クルマを利用することが前提で、歩くことは想定されていないのだろうか。ほぼストレートに道が付けられており半端ない急坂だ。長峰山の登山は、山道に入ってからではなく、この住宅街の急登が核心部だというから驚くほかない。

六甲山上まで登ったら、お約束の六甲ガーデンテラスへ。どこから登ろうと、ゴールはいつものジンギスカンパレスだ。

暑さ対策、急登対策も完了し、これで準備は万全だ。

アルプスの女王 ――燕岳――

名古屋駅からワイドビューしなので松本に向かう。今回はグリーン車なので、座席もゆったりしていてワイフはご機嫌だ。普段は朝食を抜いているのだが、旅行中は別だ。駅構内のコーヒーショップで、コーヒーとサンドイッチをたくさん買い込み、気分は行楽モード全開だ。

松本駅に着くといつものアナウンスが流れる。「まつもとぉ〜、まつもとぉ〜」と最初の二回は、調子よくコブシを回している。ところが、少し間を置くと今度は一転して冷静な声であっさり「松本です」と締めくくられる。これを文字で表現するなら、こんな具合だ。「〽まつもとぉ〜、〽まつもとぉ〜、……松本です」わざとそうしているのか、実に不思議なアナウンスだ。

そんなことはともかく、松本から大糸線に乗り継いで穂高で下車する。夏休みの週末、穂高駅はザックを背負った登山客で大そうな賑わいだ。中房温泉行の定期バスが来るまで一時間ほどあるので、穂高神社に参詣し山行中の無事を祈る。

バスに揺られること一時間、ようやく中房温泉に到着した。山深い谷間に湧き出る秘境の温泉だ。湯元が三〇本近くあり、飲泉も可能な新鮮な温泉がそこここから湧き出している。

中房温泉は、全てのお風呂が源泉掛け流し一〇〇パーセントで、内風呂の大浴場や露天風呂、家族風呂などが一〇カ所以上もあり、一日では全て入りきれないほどだ。温泉の裏手には焼山《やけやま》があり、地熱でそこら中から蒸気が噴出している。砂を掘って食材を埋めるとたちまち蒸し上がる。なので、信州牛を地熱で蒸しあげたローストビーフや地鶏の地熱蒸しが名物になっている。

中房温泉はまさに温泉ワールド。温泉三昧を楽しみたい人にはパラダイスだ。温泉好きの私たちも、これ以上入ったら湯あたりするだろうというくらいまで、存分に温泉巡りを堪能した。

朝食が七時からとのことなので、朝食を済ませ、燕岳登山口を出発したのは八時過ぎになった。例年より梅雨明けが遅れているようで、天気がもう一つはっきりしない。できれば燕山荘に早く到着して、時間が許せば今日中に燕岳に登頂したいところだ。

五・五キロの歩行距離で一三〇〇メートルも高度を上げていかねばならず、確かに傾斜はきつい。考えてみれば、駅から自宅までは二キロの距離でたったの五〇メートル登るだけだ。こんなもの山ではとても勾配とは呼べない。しかし以前は、この坂道がきつくてなかなか歩いて帰れなかったのだから、ヘタレと言われても致し方ない。

燕岳へ向かう合戦尾根は急登には違いないが、第一〜第三ベンチ、それに富士見ベンチと、要所要所に休憩ポイントが設けられている。従って、ここで一息ついて、また元気を出して登って行くことができる。

ベンチには、息を上げながらようやくここまで辿りついた登山客が大勢たむろしている。夏休みなので、子どもたちの姿も多い。また、かなり高齢の人も見受けられる。登山は確かにハードには違いないが、これほど幅広い年齢層にわたって楽しめるスポーツはほかにないだろう。

急斜面をひたすら登り続け、お昼前には合戦小屋に到着した。宿泊はできないが、売店があり名物のスイカを売っている。有明荘の辺りから荷揚げ用のケーブルが通っているので、食材は豊富だ。私たちはカレーうどんを注文し、しばしランチタイムを取った。

合戦小屋から灌木帯を抜けてひと登りすると、森林限界を越え視界が開けてくる。本

来なら合戦沢の頭からは燕山荘や槍の穂先も望めるとのことだが、残念ながらガスに覆われて見えない。
　予定通り二時過ぎに燕山荘に到着した。丸太小屋風でなかなかお洒落な山小屋だ。チェックインを済ませて部屋に荷物を残し、早々に燕岳山頂へと向かう。
　白い砂礫にピンク色のコマクサの群生が燕岳を彩っている。白砂とハイマツのコントラストに石像のような花崗岩。摩訶不思議な景色だ。イルカ岩やメガネ岩と呼ばれる花崗岩のオブジェを楽しみながら山頂へと向かう。稜線はなだらかで、滑落するような心配はない。小高くなった岩山を登るとそこが燕岳の頂上だ。ガスで展望が利かないのが残念だが、天気だけは仕方がない。槍ヶ岳があると思われる方向にエールを送っておいた。

登頂を果たした後は、燕山荘に戻ってビールで乾杯だ。食堂の奥にサンルームのようになっている喫茶室があり、大勢の登山客で賑わっている。山に登る人は呑み助が多いのか、男性も女性もビールやワインをガンガン飲んでいる。

サンルームの窓から外を眺めていると、荷揚げのヘリがやって来た。六〇〇人分もの食糧やビールを運んで来てくれているのだろう。有り難いことだ。そのお陰で、こんな山の稜線でも酒宴を開くことができるのだから。

パイロットのサービスなのか、ヘリでアクロバット飛行のパフォーマンスを見せてくれた。サンルームで、それを見た登山客からは、やんやの拍手喝采がおこった。

夕食は食堂を四回転して出される。メニューはハンバーグや煮魚など結構なボリュームだ。食事が終わる頃になると、名物オーナーが現れ、恒例になっているアルペンホルンの演奏が始まった。

酸素の薄い山の上でアルペンホルンを吹くのは、さすがにこの歳になると辛くなってくると語っていた。夕食が済んで私たちは二階にある部屋に戻っていたが、一時間ごとに階下からアルペンホルンの音が聞こえてくる。今夜の夕食は四回転。誠にお疲れさまだ。

通常、朝食は六時からとなっていた。しかし、この日は食堂を四回転させなければならないほど混み合っていたので、四時一五分に一回目の朝食が始まる。まだ早いかなと思いながら食堂の様子を伺いに行くと、何と既に階段の所まで行列ができている。慌てて部屋に戻り、ワイフにすぐ並ぶよう促した。

夜半から降り出した雨が勢いを増している。朝食のテーブルを囲む登山客も何となく会話が重く沈みがちだ。私たちはもう山を下りるだけだが、朝一番で朝食を食べている人たちのほとんどは表銀座を縦走する登山者だ。

中房温泉から燕岳を往復するだけなら、北アルプスの入門コースとして私たちのような初心者にも人気が高い。しかし、表銀座縦走となれば話は別だ。燕岳は縦走の初日に過ぎない。二日目に大天井岳、三日目に槍ヶ岳、そして四日目に上高地まで下山するロングトレイルだ。コースタイムは優に二四時間を超える。

テーブルの向かいには、まだ二〇代前半の若いカップルとお嫁さんの父親が座っていた。父親側からみれば娘夫婦の登山に同行してきたということになる。

婿殿は爽やか、娘さんもさっぱりしていて、お父さんは豪快。これまで山で、鬱っぽい人やネチネチした性格の人に出会ったことがない。山登りをしているうちに、ストレスもなくなってサバサバしてくるのか、元々そういう性格の人が山登りをしているのかは分からない。恐らく、その両方だろう。

話を聞くと、これから表銀座を縦走して槍ヶ岳に向かうと言っていた。表銀座の東鎌尾根から槍ヶ岳をめざすコースは荒々しい岩稜歩きとなるため、技術度・体力度ともに難易度が高くなる。

家族で普通に旅行するだけでもいい思い出になるが、一緒に山に登ればより一層忘れがたい思い出として残るだろう。素敵なことだ。

ロビーで詳細な気象情報をみると、燕岳の上空だけがスポットで雨雲が広がっているようだ。朝食を済ませて部屋に戻ると、観念して雨用の支度を始めた。

自慢じゃないが、私たち夫婦は根っからの晴れ男・晴れ女である。今までこれだけ山登りをしてきて、ただの一度も雨に降られたことがない。アルプスを訪れるときはいつも雲一つない晴天に恵まれてきた。六甲山のときもそうだ。但し、六甲山の日帰りハイクを予定していた日の天気予報が雨であれば、次の休みに日程を延期するなど柔軟に対応している。

　グループやツアーの登山であればスケジュール変更も一筋縄ではいかないが、私たちは夫婦での山登りなので、こういう場合には小回りが利く。こんなときは、気持ちを切り替えて近所のスーパー銭湯に行ったり、家でご馳走を作ったりして過ごす。

　そんなわけで、買って初めてレインジャケットに袖を通し、レインパンツを履いた。ザックにレイン用のカバーを被せ、トレッキングブーツにゲーターを装着する。昨日の内に、燕岳に登頂しておいて正解だった。


　心を決めて六時ちょうどに燕山荘の玄関の扉を開け、外に出た。すると、さっきまで降っていた雨がぴたりと止んだ。ラッキーだ。一応、雨が降ってきたらすぐに取り出せるよう、脱いだレインジャケットをザックとカバーの間に突っ込んだ。

　週末とあって、下からどんどん人が登って来る。麓に下りるほどに天気は良くなり、登山口に到着したときには、ピーカンの夏空が広がっていた。三時間余りで、標高差一三〇〇メートルを一気に下山したことになる。もう膝を痛めたり、転倒したりすることもなかった。

下山後の温泉は、松本からバスで三〇分ほどのところにある薬師平茜宿だ。高ボッチ山麓にあり、松本平が一望できる。北アルプスを眺めながら、桧の露天風呂にゆったり浸かる。燕山荘にはお風呂がなかったので、最高の気分だ。空は晴れ渡っているが、稜線付近には雲がかかっている。

民芸調の食事処は合掌造りの民家を移築したものだ。郷土懐石料理も素晴らしい味わいで、お酒もすすむ。果たしてこの世に、登山と温泉の組み合わせ以上に深い満足感を味わえるものが存在するのだろうか。

これで全てのステップが完了した。満を持して、後はいよいよ槍ヶ岳をめざすだけだ。

ゴール

槍ヶ岳

燕岳から戻ると八月に入り、連日うだるような暑さが続いた。北アルプスの夏山は爽やかで快適だが、六甲山に登るのはあまり適した季節とはいえない。しかし、間隔が空き過ぎると身体が鈍ってしまうので、八月末に有馬温泉へと六甲山を縦断した。

このときは、芦屋ロックガーデンから六甲山最高峰を越えて魚屋道を下山するいつものコースではなく、六甲山上までアイスロードを登り、シュラインロードを下って有馬温泉に向かった。

かつて六甲山では、冬場に山上の池に張った氷を切り出して氷室で保存していた。アイスロードは昭和の初期まで、その氷を夏の深夜に大八車で運び降ろすのに使われていた道だ。ただ歩いて登るだけでも苦労する険しい山道だが、この道を通って夜中に氷を人力で運ぶというのは想像を絶する。

九月に入ると、台風がたびたび接近・上陸し、秋雨前線が停滞したため雨の降る日が多くなった。気象庁によると、この年の九月の日照時間は統計を開始した一九四六年以降で最も少なく、月間降水量は平年比一八〇パーセント以上を記録したとのことだ。

槍の穂先を登下降するに当たって、もう一度荒地山でボルダリングの練習をして、最後の仕上げをしたかった。しかし、休みの日が来るたびに雨となったため、その計画は叶わぬまま槍ヶ岳登山の日を迎えることになった。

荒地山でボルダリングをすれば、ちょっとした岩の出っ張りや窪みに足や手を掛けて登る練習になる。三点確保で岩登りをするトレーニングにもなるはずだ。

重いザックを背負って、全長七〇キロに及ぶ熊野古道小辺路を縦走し、日本三大急登と呼ばれる燕岳の合戦尾根にも登った。なので、槍ヶ岳山荘までなら辿り着けるだろうという手応えは感じていた。

問題は、槍の肩から高さ一〇〇メートルもある穂先の岩峰をよじ登ることができるのかどうかだ。難所には梯子が掛けられ鎖も張られている。従って、特殊な登攀技術は必要とされていないのかも知れない。小槍の上でアルペン踊りを踊るわけではない。穂先を含め、槍ヶ岳の山頂に至るまでの全てが整備された一般登山道なのだと、自分に言い聞かせた。

凄まじい高度感に怖気づかないか、それだけが懸念材料だ。しかしそれは、実際に穂先に登るまでは、経験しようのないことなのだ。

日本のマッターホルン ――槍ヶ岳――

特別山に詳しい山岳ガイドやカメラマンでもなければ、山のシルエットだけを見てそれだと分かるのは、恐らく富士山と槍ヶ岳くらいのものだろう。

天空を突き刺してそびえたつ槍ヶ岳は圧倒的な存在感を示し、登山者なら誰もが憧れる名峰だ。ピラミッドのような独特のフォルムは、日本のマッターホルンと称せられるに相応しい。

私たち夫婦の結婚記念日は、十月十五日だ。去年の結婚記念日には、中央アルプスの主峰木曽駒ヶ岳に登り、下山後に駒ヶ根高原にある温泉旅館でお祝いをした。

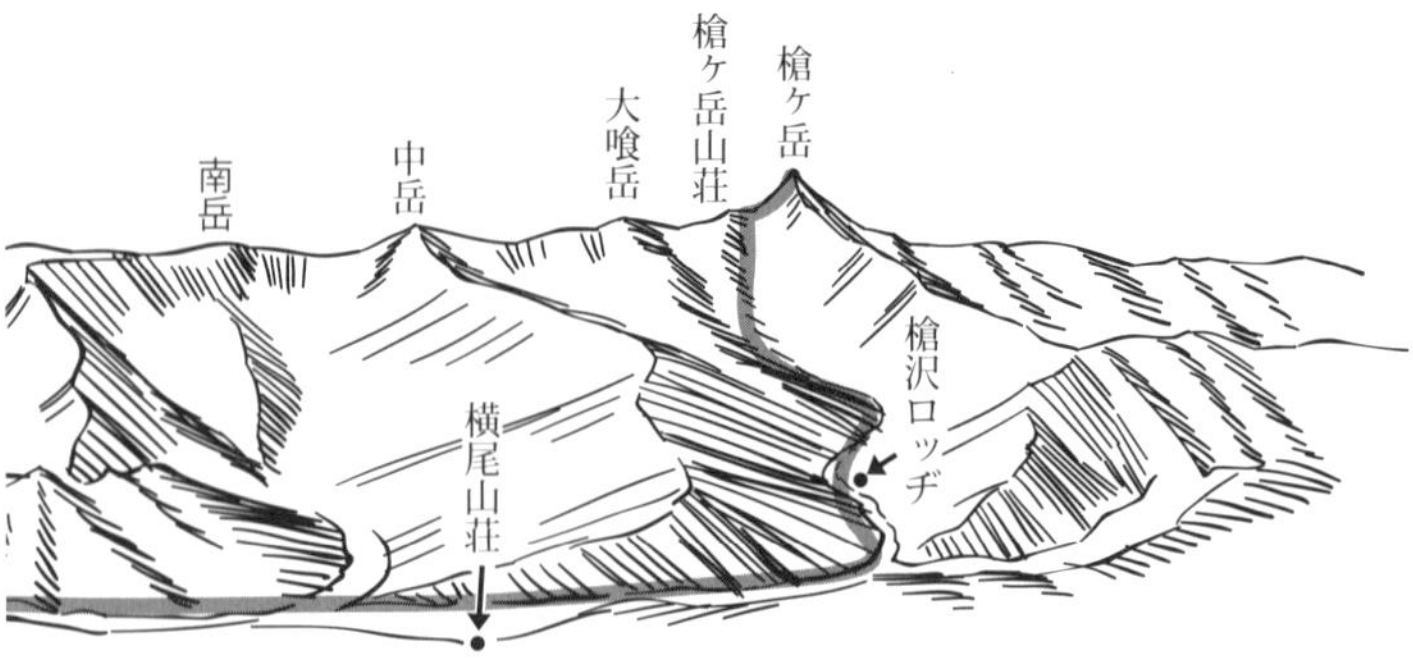

下界ではようやく秋の深まりを感じる頃だが、千畳敷の紅葉はとっくに過ぎて寒々しかった。山頂へ登る道も一部が積雪で凍っていた。

それで、今回は半月ほど前倒しして、九月の下旬に出発することにした。これなら、天狗原の紅葉は真っ盛りで、まだ雪が降ることもないだろう。

槍沢コースで槍ヶ岳をめざす場合、二泊三日のプランが一般的だ。一日目に槍沢ロッヂ、二日目に槍ヶ岳山荘に宿泊し、三日目に槍ヶ岳から上高地まで一気に下山する。

しかし、私たちは五泊六日の日程を組んだ。ちょっとした海外旅行にでも行けそうなくらいだ。

夜行バスに乗ったり夜通しクルマを運転したりで明け方上高地に着き、僅かな仮眠を取ってすぐに山に登るの

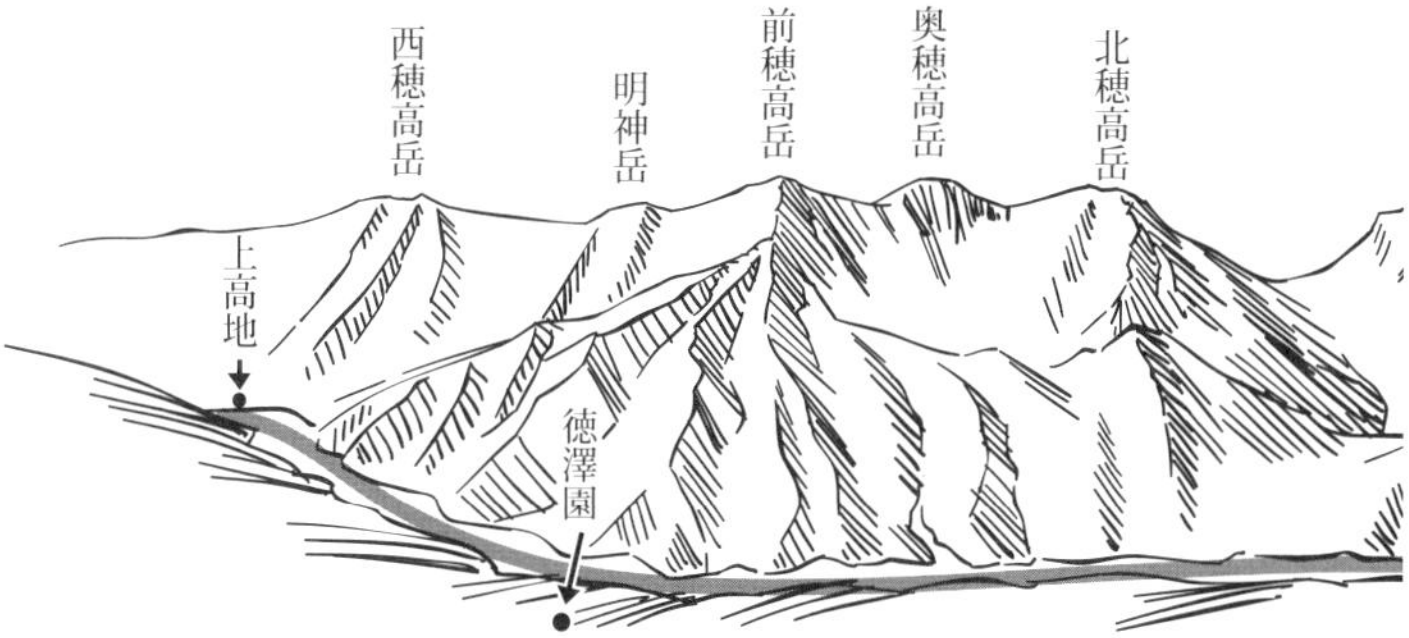

は、私たち――中年山ボーイ&山ガール――にはいささか辛いものがある。それに寝不足のまま山に登るのは、体調不良や転倒などの事故を招く原因になる。なので、基本的に私たちは登山口に前泊することにしている。

また、一気に上高地まで下山するのは大変なので、横尾で一泊することにした。そうすれば時間的な余裕が生まれ、下山途中に天狗原に立ち寄ったり、下山後に上高地を散策したりすることも可能だ。

そして、もう一泊はもちろんお楽しみの温泉だ。奥飛騨温泉郷で登山の疲れをゆっくり癒してから、翌日帰途に就く。

予約の受付開始を待って、いつものように山小屋と旅館に電話を入れ、往復の列車の切符も手配した。槍沢ロッヂと槍ヶ岳山荘は個室の予約を受け付けておらず、到着順とのことだった。

出発の数日前にザックを引っ張り出し、レインウエアや防寒着、下着や靴下、手袋、帽子、サポーターなどを詰め込んでみた。私は四〇リットル、ワイフは三〇リットルの中型ザックだ。山小屋で二～三泊するにはちょうどいい大きさだが、今回は五泊。持ち物全てをパッキングするのはひと苦労だ。

風呂の無い山小屋では下着や靴下は履き替えないとか、ワイフも化粧品を最小限にするとか、出発の日まで荷物を出したり入れたりしながら試行錯誤を重ね軽量化を図った。

新たに加わった装備は、オリンパスのコンパクトデジタルカメラだ。西穂独標でポケットに入れていたデジカメのディスプレイが、岩に擦れ壊れてしまった。その後しばらくは、ワイフが料理の記録に使っていたデジカメで間に合わせていたのだが、登山用のデジタルカメラを購入した。八〇歳にして三度目のエベレスト登頂を果たした三浦雄一郎氏を捉えたカメラの後継機種だ。

山や海、岩場や雪の中、どんな過酷な環境の中でも使えるタフなカメラと謳われている。コンパクトデジカメの中では少々重めだが、がっちりした頑丈なつくりだ。岩峰をよじ登る際、岩に擦れて壊れないよう、カメラはポケットの中ではなくウエストポーチに収納することにした。

これで準備は万端整ったが、数日前から鼻風邪をこじらせていた。熱が出るわけでもなく、身体も別にだるくはなかったが、痰が絡んで咳き込んでいた。それに、喉が少し荒れているようだった。

本葛と生姜、それに蜂蜜を混ぜて、特製の葛根湯を手作りして飲んだ。ひどくはならなかったが、小康状態のまま出発の日を迎えた。

初日　自宅〜徳沢

九月二十七日の朝六時に自宅を出発。歩いて駅に向かう。空は穏やかに晴れ、昇ってきたばかりの朝日に照らされる。二年前、裏山のごろごろ岳へ、初めて登りに行ったときのことを思い出す。あれが私たちへタレ夫婦の記念すべき初登山だ。

いつもはウキウキしながら歩いているのだが、この日は何となく口数が少ない。確かに数日来鼻風邪気味で、喋ると喉が痛いというのもある。しかし、理由はそれだけではなかった。

これまでの山登りは、それぞれにテーマがあったにせよ、それ自体が目標というわけではない。あくまでも、ゴールに向かっての一つのステップに過ぎない。だから、何かを達成しなければならないというプレッシャーのようなものはなかった。もちろん、それぞれに目標をもって登ってはいたが、あくまでも中間的な目標だ。受験でいえば、それは模試のようなものだ。

しかし、今回はこれまでとは違う。模試ではなく本番の入試、中間目標ではなく最終目標なのだ。言い換えれば、これまでの山登りの全てが、この日のためにあったということになる。全てのステップ、全ての経験が、槍ヶ岳登頂につながっていたのだ。そのせいか、少々緊張の面持ちになっていた。

新大阪に向かう快速列車は、通勤ラッシュで全く身動きが取れないほど混み合っている。仕事に行くために乗車している通勤客には申し訳ないと思いながらも、身体をねじ込んで列車に乗った。

今やリュックで通勤・通学する人が増えたとはいえ、何といってもこちらは登山用のザックだ。タウン用と違ってかなりの大きさがあり、しかもザックの両サイドにはトレッキングポールを突っ込んでいるので、満員電車の中では結構気を使う。といっても、降りるまでひたすらじっとしているしかないのだが……。

新大阪に着いたら朝カレーを食べようと楽しみにしていたのだが、まだ時間が早過ぎて開店していなかった。仕方なく、いつものようにカフェでサンドイッチとコーヒーをテイクアウトした。サンドイッチ頬張りながら車窓を楽しんでいるうちに緊張もほぐれ、気分は次第にいつもの旅行モードとなった。

名古屋でワイドビューしなのに乗り換え、松本に向かう。松本駅では、「〽まつもとぉ～、〽まつもとぉ～、……松本です」と、いつものアナウンスが流れる。松本電鉄上高地線に乗り、さらに新島々からアルピコ交通バスで上高地をめざす。山登りを始めてからこの二年間、今ではすっかり通い慣れたお馴染みの道だ。


朝の六時に家を出発し、上高地に到着したのは午後一時を少し回った頃だった。お腹も空いたことだし、取り敢えずはランチを食べることにした。上高地食堂のテラスでザックを降ろすと、目の前に穂高連峰が立ちはだかっている。

いつも見慣れている六甲山とは比較にならないほどの大迫力だ。六甲山も急峻には違いないが、山全体が樹木に覆われているため、こんもりと柔らかな印象だ。一方、穂高岳は岩がむき出しになっており、そのため美しくも荒々しい。

槍ヶ岳へ少しでも近づいておくため、今回は登山口の上高地ではなく、徳沢で前泊することにした。

まずは上高地インフォメーションセンターに立ち寄り、登山届を提出する。今回は行程が長いので、出発前に予め登山届を作成しておいた。ネット上に登山届の雛形があり、必要事項をパソコンで入力しプリントアウトしておいたものだ。

河童橋に立つと、岳沢越しに奥穂高岳が見える。二年前の結婚記念日に、ここ上高地を訪れたのが遥か昔のことのように感じられる。昨年の五月には、岳沢小屋へと前穂高岳登山道を登った。それが私たちのアルプスデビューだ。

奥穂高の向こうに北穂高岳がある。その奥に大キレットが連なり、槍ヶ岳へと岩稜の尾根が続いている。以前はゴールだった上高地も、今はスタート地点だ。

梓川の左岸沿いに、奥上高地自然探勝路を歩いて明神に向かう。明神橋を渡り、参道を通って明神池に鎮まる穂高神社奥宮に参詣した。槍ヶ岳に登頂し無事下山できるよう、そして山行中は好天に恵まれるよう祈願した。

夕方四時過ぎに、一日目の宿徳沢ロッヂに到着した。去年は改装工事のため、シーズンを通して閉鎖されていた。昨年の五月、アルプスデビューのときに泊まった徳澤園が重厚でクラシックな雰囲気なのに対し、徳沢ロッヂは明るくモダンな感じだ。

今年リニューアルオープンしたばかりとあって、中はどこも真新しく非常にきれいだ。個室にはシングルベッドが二台置かれ、入り口を入ってすぐ右手には二段ベッドもある。山小屋というより、プチホテルそのものだ。

浴室も清潔で大きな浴槽がある。石鹸やシャンプーも備え付けられている。そして驚くなかれ、トイレは何と温水洗浄便座付だ。よほど巨大な浄化槽が設置されているのだろう。

夕食も豪華だ。この日のメニューは、冷しゃぶ、岩魚の塩焼き、野菜の煮物、信州そば、それにデザートが付いていた。部屋に置いてあった浴衣に丹前を羽織って食堂に行き、その格好で食事をした。まるで旅館に泊まっているような気分だ。

朝食は六時半からとのことだ。明日は早立ちするので、お弁当を頼んだ。起きてすぐに出発できるよう、ザックの荷造りを済ませ、着ていく服もハンガーに掛けておいた。浴衣を着て、ベッドの中にもぐり込む。

消灯時間があることを除けば、山小屋にいることを忘れてしまう。消灯といっても、必要なところには灯りがついているので、夜中にトイレへ行くにもヘッドランプは不要だ。

二日目　徳沢～槍沢ロッヂ

秋は日が短いので、起きたときにはまだ外は真っ暗だ。朝の六時前になってようやく、ほのかに明るくなり始めた。大勢の登山客がロッヂの前で装備を確認したり、写真を撮ったりしている。

玄関を出てさあ出発というときに、小雨がぱらついて来た。霧雨のような感じだが、濡れるのは嫌なので、上だけレインジャケットを着用し、ザックにカバーを掛けた。

横尾までは道幅も広く平坦だ。一時間ほどで横尾に着いた。横尾山荘の前には、これから出発する登山者たちが準備を整えている。横尾山荘には、一カ月前の同日に予約を入れた。七時から受付開始だが、電話が繋がったのは七時二〇分頃だった。

横尾山荘の前には大きくて立派な道標がたっており、ここ横尾が距離的にちょうど中間点に位置することを示している。しかし、高度でいえば中間点は標高二三四八メートルの天狗原分岐の辺りになり、ここからはまだまだ先だ。

紅葉のシーズンとあって、横尾大橋を渡り涸沢方面へと向かう登山者が多い。槍ヶ岳をめざす私たちは、橋を渡らずそのまま真っすぐに進んだ。

横尾を越えると、ようやく本格的な登山道になる。今にも泣き出しそうなぐずついた空模様だが、何とか雨は降らずに持ち堪えている。少し霧がかった中を歩くのも、しっぽりと落ち着いていいものだ。槍沢はどこまでも澄み切って綺麗だ。

槍見河原を通過する。去年の春、アルプスデビューで訪れた場所だ。樹林の間から突然姿を現した槍の穂先を目に焼き付けて引き返した。残念ながら、このときはガスが掛かって見えなかった。

さてここから先は、初めて足を踏み入れる未体験ゾーンになる。一ノ俣と二ノ俣に架かる橋を渡る。ここを越えれば、もう半時間ほどで槍沢ロッヂに到着するはずだ。次第に傾斜が増し、槍沢から離れて樹林帯を登る。槍沢ロッヂまでもう少しというところで雨がぱらつき始め、ロッヂの玄関に辿り着いた瞬間に雨脚が強くなった。ここまで、よく雨が降らずに持ってくれたものだ。

槍沢ロッヂに着いたのは九時を少し回った頃で、念入りにレインウエアを着込んだ最後の宿泊客が出発するところだった。チェックアウトは八時なので他の宿泊客も既に引き払っており、今朝上高地を出発した登山客はまだ誰も到着していない。スタッフは空っぽになった小屋を忙しそうに掃除している。夜明けとともに徳沢を出発した私たちが一番乗りのはずだった。

ザック置き場に荷物を下ろし玄関ホールのテーブルに座ると、所在無いまま窓際のベンチに腰掛けている女性が目に入った。どう見ても七〇歳は越えてそうだ。独りきりだし、することがなくて手持ち無沙汰な感じだ。そして表情を見ると、何か落ち込んでいるふうだ。

説明を聞くところによれば、槍ヶ岳に登るトレッキングツアーに参加したのだが、登山靴に履き替えるのを忘れてバスに置いてきてしまったとのことだった。彼女の足元に目をやると、確かにローカットのスニーカーだった。ツアーガイドから、この靴で槍ヶ岳まで何とか登れたとしても下りるのは危険だと判断され、皆が戻ってくるまで槍沢ロッヂで待機ということになったそうだ。

私たちより早い到着だったので疑問に思い、行程を尋ねてみた。昨日徳沢で一泊し、五時頃にはヘッドランプを装着して徳沢を出発したという。そして今日は槍ヶ岳山荘まで向かうとのことだった。ここ槍沢ロッヂからでも、五時間三〇分のコースタイムだ。徳沢からだと槍ヶ岳まで八時間以上も登り続けることになり、極めてハードなスケジュールだ。恐らく、上級者を対象にしたツアーなのかもしれない。

私たちも槍沢ロッヂに着いてからは、特にこれといってすることもなかった。徳沢ロッヂで受け取ったお弁当を広げながら、彼女と取り留めのない話をした。

彼女は大阪で老舗の和菓子屋を営んでいる女将さんだった。ご主人は仕事以外に何の趣味もなく、ほとんど休みも取らずに働き通しで、旅行に出掛けたこともない。このまま人生が終わるのは御免だと、無理やり休みを貰って槍ヶ岳に登りにきたのだという。ツアーの規定には七五歳という年齢制限があるため、来年が最後の機会になるらしい。だから、今年と来年のあと二年間は山に登るチャンスがあると話していた。

歩くのが好きなワイフの母上と同年齢だが、これはウォーキングではなく登山だ。しかも、槍ヶ岳に登ろうというのだ。私たちが、二年がかりでようやくここまで辿り着いたというのに……。

もし今わの際になって、後悔することがあるとすれば、それはどんなことだろうかと想像してみた。果たして、もっと働いて稼いでおけば良かったなどと思うだろうか。あの世には、ただの一円も持っていくことはできないのだ。

それより、もっと健康に気を付けて夫婦で一緒に旅行に出掛ければ良かったと、悔やむ人が多いのではないだろうか。心に残る思い出といえば、やはり真っ先に浮かぶのは家族旅行だろう。

夫婦で山登りを始めて良かったと思える理由のひとつがこれだ。山登りをするまでは、休みの日にすることといったら、ショッピングモールに出掛けて何か買い物をするくらいだ。いくらモノを買ってみたところで、それが今わの際に思い出として残ることはないだろう。

そうこうしているうちに、小屋の掃除も終わりチェックインの準備ができたようだ。五室ある個室は到着順とのことだが、一番乗り——正確には二番乗り——の私たちは、もちろん個室を確保することができた。

部屋は天井も壁も全て板張りで、まさしく山小屋風だ。窓から外を眺めると、あれだけ澄み切っていた槍沢が、何と黄土色の濁流となっている。山肌には幻の——普段は目にすることのない——滝が出現し、急流となって槍沢に注いでいる。雨脚はますます強まり、一向に止む気配がない。明日には、雨が上がってくれるのだろうか。

お昼になり、再び玄関ホールに下りてランチにした。私はラーメン、ワイフはうどんを注文した。山の中で雨に降られれば、食べることくらいしか楽しみがない。

今朝上高地を出発した登山者が、続々と槍沢ロッヂに到着してきた。どの登山者も気の毒なくらいずぶ濡れだ。私たちがお湿り程度に濡れていたレインジャケットと帽子を乾燥室に取りに行くと、そこは隙間なく吊るされたレインウエアで蒸し風呂のようになっていた。

ワインのハーフボトルを一本買い、ビンごとちびちび飲みながら居合わせた登山客と話をして過ごした。槍沢ロッヂには、玄関ホールのテーブルの他に、二階には畳敷きの談話室もある。体の固い私は畳に直接座るのは苦手なので、寛ぐなら玄関ホールの方が居心地良かった。

二階から今朝話をしていた和菓子屋の女将さんが降りてきた。彼女も独りで待ちぼうけを喰らうことになり、暇を持て余しているのだろう。暫くして、ロッジの玄関から団体が入って来た。すると、女将さんはびっくりしたように、そのグループを見つめている。今朝、ここで別れたツアーの人たちだという。

槍ヶ岳に向かうも登山道が川のようになって渡ることができず、引き返してきたとのことだ。山復から槍沢に向かって水流が滝のようになって注ぎ、河原沿いに付けられた登山道は至る所で水没している。水の深さはくるぶしを超え、ハイカットの登山靴といえども、靴の中まで水がはいってびちょびちょだ。これではとても、明日までに乾きそうもない。

女将さんには、「ほら、ここで待機していて良かったじゃないですか」と、慰めの言葉をかけた。

槍沢ロッヂはかなり山深い場所にあるが、水の豊富な槍沢沿いにあるため、嬉しいことに浴室がある。風呂にはシャワーや蛇口は付いていないが、それでも温かい湯に浸かれるだけでも幸せだ。

利用時間が三時からとなっているが、一五分くらい前にはもう浴室の前で待っていた。引き返してきたトレッキングツアーのおばさんたちも並んでいる。関西人は何事もせっかちなのだろうか。

五時から始まる夕食のときも、既に食堂の扉の前でスタンばっている。私たちと同様、関西人は気さくなので、すぐに打ち解けて話が弾む。明日には帰らなくてはならないと言っていたが、誠に気の毒なツアーになってしまったようだ。

寝床に入っても、雨音が止む気配はない。

三日目　槍沢ロッヂに逗留

翌朝目が覚めても、状況は一緒だった。どれだけ雨を降らせたら気が済むのだろうか。しとしととそぼ降る梅雨のような雨ではない。豪雨とまではいわないが、活発になった秋雨前線により、打ち付けるような雨が降り続いている。

朝食を済ませ、この後どうしたものかと思案に暮れていた。玄関ホールのテーブルに座って、登山客の様子を眺めていた。

取り得る選択肢は、三つある。槍ヶ岳に登るか、上高地に下山するか、それとも槍沢ロッヂで待機するかだ。

日程が決まっている団体ツアーの参加者や会社勤めで休暇が限られている人たちは、下山するより他に選択肢はない。天候さえ良ければ、本来なら昨日槍ヶ岳に到着していたはずだ。悪天候に見切りをつけて下山する人、状況によっては引き返さざるを得ないことを承知の上で槍ヶ岳へ向かう人、大半はこのどちらかだった。

九時を回って、まだロッヂに残っていたのは、私たち夫婦を含めて六名だった。五〇代の女性と三〇代の女性が一名ずつ、そして四〇代の男性が二名だ。

東京から来た五〇代の女性は、子どもも既に独立し、独り身の現在は好きなときに気ままに山に登っているらしい。この日は木曜日だったが、週末の日曜日まで仕事が休みなので、天候が回復するまで槍沢ロッヂに滞在するとのことだ。

大阪から来た三〇代の女性は、友達を待っているのだという。その友達というのが物凄くタフな女性で、夜行バスで今朝上高地に到着し、そのまま一気に槍ヶ岳まで登るらしい。自分にはとてもその体力はないので、彼女よりも一日早く出発し、槍沢ロッヂに前泊して彼女と待ち合わせているのだという。これからどうするかは、彼女と相談して決めるとのことだ。

四〇代の男性二名は大学時代の同級生で、一人は東京、もう一人はここ長野に住んでおり、よく二人で山に登っているベテランだ。なので、優柔不断なために態度を決められず残っているわけではない。状況をきちんと見極めてから判断を下すということだ。登山道に支障がなければ槍ヶ岳に向かう。支障があれば、目的地を涸沢に変更するといっていた。

居残り組の六人で他愛のない話をし、状況を伺っていた。九時半頃、ずぶ濡れになりながら、一人の男性が玄関ホールに入って来た。朝一番で槍ヶ岳から下山してきたとのことだ。

ベテランの男性が、彼に登山道の状況を細かく尋ねていた。増水して飛び石が水面に頭を出していないところもあるが、何とか渡渉は可能とのことだ。それを聞くや、二人の男性は早速出発の準備に取り掛かった。レジ袋の中に足を突っ込むと、そのまま登山靴を履いた。万が一、水がブーツの中に侵入してきたときの備えなのだろう。

ベテランになれば、状況がはっきりしないまま見切り発車することはない。確かな情報を収集した上で、的確な判断を下し行動する。まさに、登山家のお手本だ。

雨の中を槍ヶ岳に向けて出発する男性二人を、残る四人が総出で見送った。盛大な拍手を受け、これから戦場に赴く兵士のようだった。

大阪から来た三〇代の女性は、友人の到着を待っていた。携帯で何度も連絡を試みていたが、まだ連絡が取れないようだ。槍沢沿いの道は深い谷底にあるため、尾根道に比べて電波が届きにくい。そこで、下山する人に、私がロッヂで待っている旨を友達に伝えてくれるよう頼んでいた。大柄な女性なので、すぐに分かると思いますと言ったそうだ。

一〇時を回った頃だろうか、ようやくその友達が槍沢ロッヂに姿を現した。途中ですれ違った知らない人から、「松本さんですね。お友達の方が槍沢ロッヂでお待ちになっていますよ」と声を掛けられたと言っていた。確かに、間違えようはなさそうだ。男性の私から見ても頼もしい。どかっとザックを下ろし、レインウエアを上だけ脱いだ。雨と汗で濡れた顔を拭いてベンチに腰掛けると、立て続けにおにぎりを三つ頬張った。

小屋泊まりにしては、異様にザックが大きい。ドラえもんの四次元ポケットのように、幾らでも食べ物が出てくる。あまりにも大きいので、一度背負わせてもらった。よくぞこんなに重い荷物を担いで登って来たものだと感心した。重さは一〇キロどころではない。試しにワイフも担がせてもらったが、腰椎ヘルニアが出るといってすぐに下ろした。

ここから先の状況を、槍沢ロッヂで待っていた友達に確認していた。槍ヶ岳山荘まで五～六時間掛かる。夕方までに到着するなら、こんなところで油を売っているわけにはいかない。

この二人の女性たちを、また居残り組で見送った。まだ雨は降り続いていたが、彼女らが出発するときには一時的に薄日が差していた。そしてまた、思い出したように雨が降ってきた。

最後まで残ったのは、五〇代の女性と私たち夫婦の三人だけだった。ロッヂの受付で連泊の手続きを済ませた。お昼頃になると、上高地から登って来た人たちや、槍ヶ岳から下りてきた人たちで、賑やかになってきた。

彼らがザックを下ろした瞬間に、ザックカバーの底に溜まっていた水が流れ出す。ザックの中にインナーザックと呼ばれる袋があり、荷物はそこに入れられていた。

雨の中を歩いた経験がない私たちは不思議に思い、「ザックカバーだけでは、屁の突っ張りにもならないんですか?」と聞くと、「屁の突っ張りくらいにはなるでしょうが、強い雨だと水が侵入してきます」との答えが返って来た。インナーザックがなければ、濡らしたくない荷物はレジ袋に入れてからザックに詰めると良いと、親切にアドバイスしてくれた。

二日間降り続いた雨が、夕方になってようやく上がった。最新の天気予報によれば、晴れるのは明日一日だけで、明後日にはまた天気が崩れて雨になるとのことだった。

さて、問題は明後日だ。悪天候のために足止めを喰らったお陰で、槍ヶ岳の到着が予定より一日遅れになる。下山の途中で横尾山荘に泊まれば、最終日に予定していた温泉旅館はキャンセルして帰らなければならない。最終日に温泉旅館に泊まりたければ、明後日は上高地まで一気に下山しなければならない。

下りとはいえ、雨の降る中、二二キロもの山道を一日で下山できるだろうか。槍ヶ岳から上高地までのコースタイムは、休憩時間を入れずに正味八時間だ。

三時になると、昨日と同じく一番風呂に入った。丸々二日間滞在した槍沢ロッヂは、勝手知った我が家のようだ。夕食まで間があったので、槍ヶ岳に向かう登山道の下見に出掛けてみた。明日はいよいよここを通って槍ヶ岳に向かうのだと思うと、少し身が引き締まるようだった。

五時になり夕食の準備が整った。天候が回復に向かっているせいか、食堂の雰囲気は土砂降りだった昨夜より随分明るく感じた。

私たちと同じテーブルに、遠く九州の宮崎から来たという五人連れのグループと一緒になった。男性が一名で、四人の女性を引き連れている。男性は七〇歳とのことで、恐らく女性たちは六〇代だろう。

明日初めて槍ヶ岳に登るのだと話すと、いろいろアドバイスしてくれた。天狗原分岐を少し天狗池の方に入ると槍ヶ岳が見える。元気が湧くし、そこは紅葉も綺麗だ。また、昔と違って山頂に掛けられている梯子もしっかりしているので、何も心配することはないと勇気づけてくれた。

頂上はどれ程のスペースがあるのかと尋ねたら、この食堂の半分位かなと教えてくれた。一緒にきていたおばさまたちも、「私たちにも登れたんだから、きっと大丈夫よ」と励ましてくれた。

その男性は、「六五歳のときから、マラソンも始めたんですよ」と話していた。男前な上に面倒見も良い。幾つになっても女性から慕われるのがよく理解できる。

消灯の時間となりロッヂの灯りが消えると、外から大きな歓声が聞こえてきた。部屋の窓から外を眺めると、満天の星が見える。谷底なので決して空は広くないが、星が綺麗に瞬いている。あれほど雨が降り続いていたのが嘘のようだ。

レインウエアはザックに仕舞い、明日着ていくウエアを枕元に準備して眠りに就いた。

四日目　槍沢ロッヂ～槍ヶ岳

五時前に起きると玄関ホールには灯りがついており、昨夜受け取ったお弁当をそこで食べることにした。東京からきた五〇代の女性は、テーブルでメイクをしていた。

槍ヶ岳に登る準備を整え、丸二日間滞在することになった槍沢ロッヂの玄関扉を開けた。一日遅れで、ようやく槍ヶ岳に向けて出発することができた。まだ六時になっておらず外は薄暗かったが、ヘッドランプの必要はなさそうだ。

標高一八二〇メートルの槍沢ロッヂから三一八〇メートル槍ヶ岳まで、標高差は一三六〇メートル。槍ヶ岳山荘までの歩行距離は五・八キロ、コースタイムは五時間三〇分だ。これは、中房温泉にある燕岳登山口から燕山荘までと、標高差、歩行距離、コースタイムがほぼ同じだ。ここで、最終調整として課したミッションが活きてくる。この急登は、既に体験済みだ。

槍ヶ岳
槍ヶ岳山荘
殺生ヒュッテ
南岳
大曲
槍沢ロッヂ
横尾

昨日下見をした道を歩いていると、徐々に空は明るくなってきた。槍沢沿いの道は深い谷になっているので、まだ直接陽は射し込んでいないが、稜線付近はモルゲンロートで美しいバラ色に染められている。

ババ平まで来ると、太陽の光は山の中腹まで降りてきて、眩しいほどの黄金色に輝いている。ここは槍沢のキャンプ地だ。テントが四張りほど設営されており、人が出入りしている。降り続いた雨の中で、どうやって過ごしていたんだろうか。

さらに進んで行くと登山道は土から岩になり、山の斜面からゴロゴロした岩の間を山水が槍沢に流れ込んでいる。おとといの豪雨では、水流の勢いもきっと凄まじかったに違いない。引き返してきたツアーの登山客が、足を取られて何度も転んだというのも頷ける。

ロッヂを出発して二時間弱で大曲を通過。槍沢の流れが左に大きくカーブし、この辺りから傾斜がきつくなっていく。天狗原分岐へと向かう道は視界も開け、雲一つない秋晴れの空が広がっている。抜けるような青い空に、鮮やかな赤と黄色に染まる紅葉。昨日までの雨が嘘のような、素晴らしいトレッキング日和だ。

雨の中を押して昨日登ることもできただろうが、北アルプスに来た以上はやはり絶景を楽しみながら歩きたい。天候が回復するのを待って本当に良かった。

悪天候で丸二日間足止めを喰らった形だが、そのお陰で色んな人たちと交流できたわけだし、それも掛けがえのない山登りの経験だ。

天狗原分岐に到着すると、昨夜食堂で夕食を共にした七〇歳の男性のアドバイスに従い、天狗原方面へ少しだけ寄り道した。ニホンザルが数匹いたが、クマやイノシシに遭遇するほどの危険性はないだろう。分岐から二～三分入った岩の上に立つと、槍の穂先が見えた。槍ヶ岳の姿を目にした瞬間、エネルギーがチャージされたように元気が湧いてきた。

グリーンバンドと呼ばれるハイマツ帯を過ぎると、槍ヶ岳が正面に姿を現す。間近に見る槍の穂先は本当にピラミッドみたいだ。高度が上がるにつれ、空の色は濃いブルーになってくる。

この辺りで既に二千数百メートルはあるだろうが、高山病の症状は全くない。二日間も槍沢ロッヂに滞在していたので、十分に高度順応しているのだろう。

坊主岩小屋を過ぎると、ガラガラの岩礫になる。槍ヶ岳は直線距離でいうとちょうど一キロくらいだろうが、ここから槍ヶ岳山荘までまだ一時間以上かかる。

上空にはヘリコプターが忙《せわ》しなさそうに旋回している。荷揚げのヘリではなさそうだし、救助ヘリでもなさそうだ。下りてきた人に尋ねると、NHKの「にっぽん百名山」の取材だと教えてくれた。たとえ映っていても豆粒くらいにしか見えないだろうが、一応取材のヘリに手を振った。

殺生ヒュッテとの分岐を過ぎると、ガレ場の道をジグザグに登っていく。槍ヶ岳はどんと大きく構えていて、急登に喘ぐ私たちを見下ろしている。「ヤリ君は、どうしてそんなに上から目線なの」と、ワイフが槍ヶ岳に向かって呟いている。

カール壁の急斜面を登ると、標高三〇〇〇メートルの稜線に建つ槍ヶ岳山荘が見えてきた。振り返ると富士山も顔を覗かせている。

やっとのことで、何とか午前中に槍ヶ岳山荘に辿り着いた。玄関の扉を開けるとフロントがあり、「個室あります」と書かれた札が立っていた。ラッキーだ。息も絶え絶えで、宿泊カードに名前を記入するのもおぼつかない。チェックインを済ませ、登山靴をもって指定された部屋に行った。

槍の穂先登下降

個室は三畳ほどの広さで、壁は真っ白な漆喰で塗り固められている。部屋の隅には、三組の布団が綺麗に畳まれていた。棚が設えられており、物が置けるようになっている。部屋の窓から顔を出すと、左手に槍の穂先がでんと構えている。早速、穂先に登るための準備に取り掛かった。

私はウエストポーチに財布とデジカメだけ入れて装着した。ワイフは上着のポケットにリトルミイのマスコット人形を入れている。ここからは、ほとんど空身だ。

頂上で撮った写真を年賀状に使うことになっているので、ワイフは念入りに眉毛を描いていた。眉毛を描き終えると、この日のために自分で編んだニット帽を被った。

登頂の準備が整い、トレッキングブーツを持って玄関に行った。靴ひもをしっかり締め、外に出ると日差しが眩しかった。小屋の前にしゃがんでいる人に頼んで、槍の穂先をバックに記念写真を撮って貰った。

サングラスをかけ、梯子で手が滑らないようにパワーストレッチグラブを両手にはめ

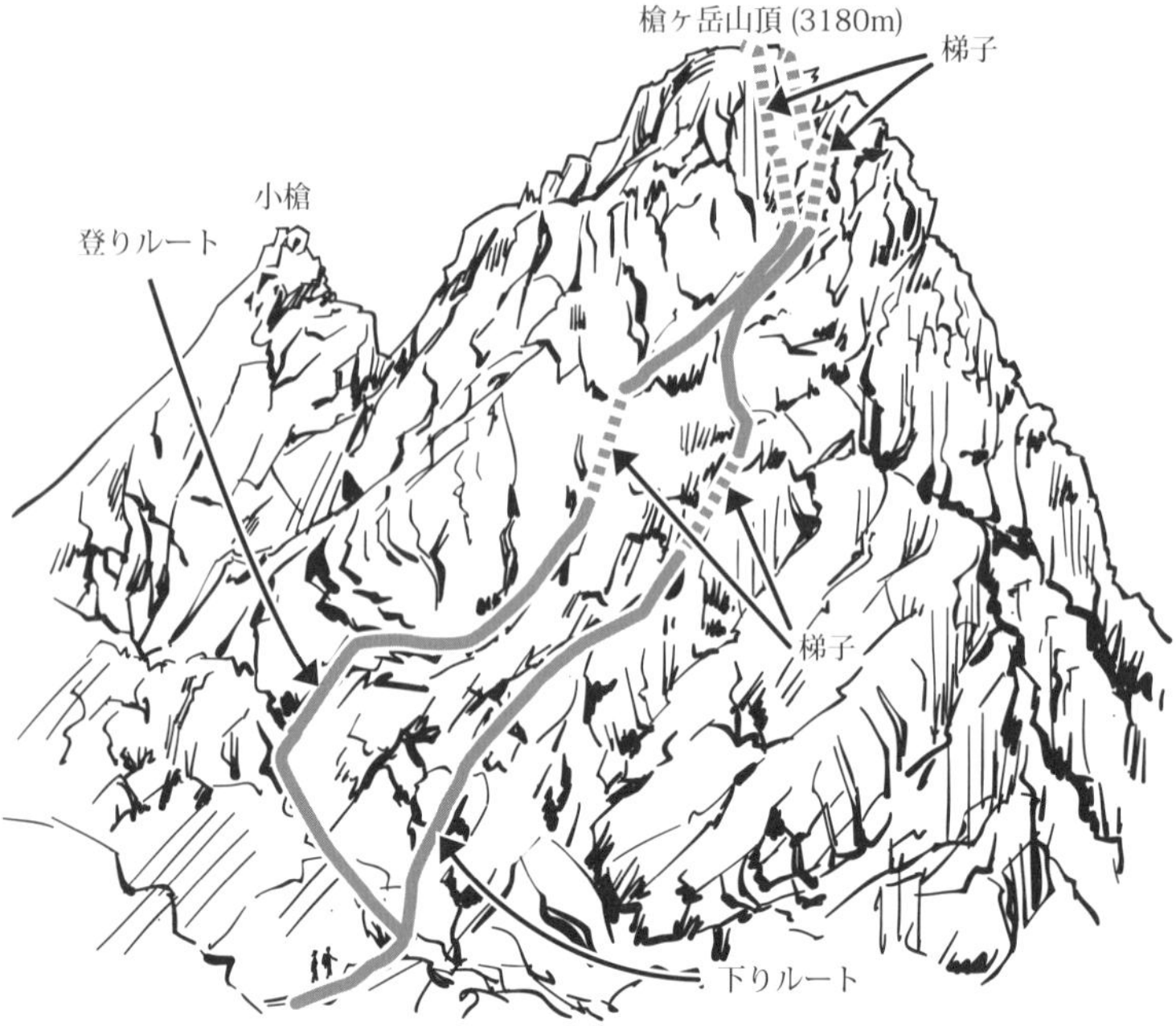

た。鎧甲冑に身を固め、これから出陣する武将のようだ。

ガイドブックでコースを頭に叩き込み、ＹｏｕＴｕｂｅの動画を何度も見直して登攀ルートも確認してある。しかし、実際に登るのは初めてだ。

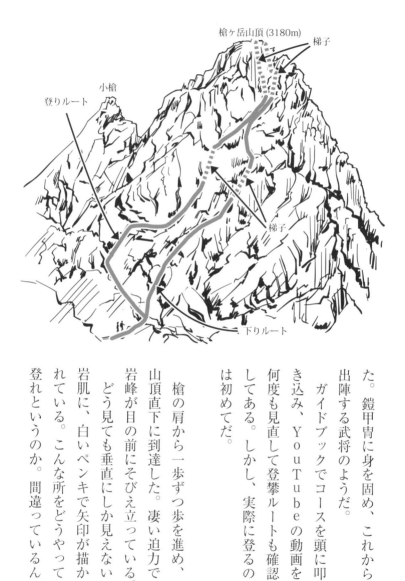

槍の肩から一歩ずつ歩を進め、山頂直下に到達した。凄い迫力で岩峰が目の前にそびえ立っている。

どう見ても垂直にしか見えない岩肌に、白いペンキで矢印が描かれている。こんな所をどうやって登れというのか。間違っているんじゃないかと思いながらも、何とか手掛かりと足掛かりを見つけて、よじ登っていく。トレッキングというより、これはロッククライミング以外の何物でもない。

かなり大きく足を上げないと、手掛かりに届かない箇所がある。小柄なワイフは足を掛けるのに苦労していた。ほんの小さな岩の出っ張りに掛けられた片足の爪先だけで体全体を持ち上げるのは、かなりの脚力が必要とされる。往生しているので、両手でワイフの靴底を支えて持ち上げた。

心なしか、既にワイフの表情にこわばりが出始めているようだ。後から登って来た青年に、見本を見せてくれと頼んでいる。青年は「僕も登るのは、これが初めてです」と言いながらも、器用に岩をよじ登って行った。

槍の穂先は登りと下りが別ルートになっているので、登ってきたルートを引き返すことができない。一方通行、行くしかないのだ。小槍側に回り込むと、少し平坦になっている場所がある。眺望は実に素晴らしいが、恐ろしい断崖絶壁になっている。

再び岩場をよじ登ると、最初の梯子がある。これを登ると、また小さな梯子があるが、バーが細くて心もとない。二つの梯子を登ると、今度は鉄杭が出てくる。凹凸のない岩肌は鉄杭以外に手掛かりがない。鉄杭を掴み、岩に取り付く。手を滑らせたり、足を踏み外したりすれば、万事休すだ。鉄杭を慎重に通過すると、鎖が張られている。この鎖場を登ると、いよいよ山頂に掛けられた二段の梯子に到着する。

一七段五メートルの梯子と、三一段九メートルの梯子だ。天空に向かって真っすぐに伸びている。これを登り切れば、槍ヶ岳の頂上に立てる。ワイフが先行し、一歩一歩確実に最後の梯子を登る。天国へ続く階段を登っているようだ。

先に頂上に到達したワイフに、「誰かいるのか」と下から声を掛けると、「誰もいない」と返事が返ってきた。

穂先の頂上は、私たち夫婦だけだった。槍ヶ岳山荘に泊まっていた人たちは、朝早くに登頂し既に下山している。下から登って来る人たちの多くは、まだ到着していないのだろう。

空にはすじ雲が掛かっていたがよく晴れ渡り、素晴らしい絶景だ。赤い屋根の槍ヶ岳山荘が遥か下に見える。目も眩むような凄まじい高度感だ。一歩ずつ祠に歩み寄って行く。祠の遥か向こうには双六岳《すごろくだけ》が見えている。

遂に目標が果たせたという思いはあったが、達成感を味わうところまではいっていなかった。穂先の下降が残っているし、さらに上高地まで下山しなければならない。頂上には辿り着いたが、まだ道半ばといった気持だ。

記念写真を撮って貰うため、誰かが登って来るのを待っていた。一〇分ほどすると、男性が梯子を登って頂上にやってきた。「登頂していきなりで申し訳ありませんが、シャッターを押していただけませんでしょうか」と、デジカメを手渡した。

ワイフはビビって腰が引け気味だが、まあヘタレ夫婦にしてはよく頑張った。しばらくすると、次々に人が登って来て狭い山頂が混み合ってきた。さあ下りようとワイフを促すと、どうやって梯子を下りたらいいのか分からないからと、また別の男性に見本を見せてくれと頼んでいた。

下降は私が先行した。梯子の上から見下ろすと、まさに奈落の底に落ちていくような眺めだ。下山用の二段の梯子を下りると、隣にある登り用の梯子を見上げながら外国人の女性が、「オー・クレイジー」と苦笑いしながら叫んでいた。ワイフも一緒になって、「オー・クレイジー」と挨拶していた。

鎖場と梯子をクリアしながら、急傾斜を下降していく。一歩踏み外して転落すれば、即あの世行きだ。この世とあの世の境目にいる感じだ。ドアを開ければ、すぐそこはあの世につながっている。断崖絶壁に張られた鎖。サングラス越しでも、恐怖にワイフの顔が引きつっているのが読み取れる。

最後の長い鎖場を下りればもう安心だ。岩峰の基部に到着し、何とか無事に穂先の登下降は完了した。これから登る人に手を振ってエールを送った。

さあ、やれやれだ。時刻は既にお昼を回っており、フロントの横にあるキッチン槍でカレーライスと缶ビールを注文した。山荘の前にあるテラスでランチを食べながら、今登ってきた槍の穂先を眺める。岩をよじ登っている人たちが蟻んこのように小さく見える。二年前に買ったガイドブックに載っていた写真と同じだ。


小屋に戻って、夕食の時間まで談話室で過ごした。槍沢ロッヂで一緒だった五〇代の女性がいたので、ワイフが「怖くなかったですか?」と尋ねたら、「凄く楽しかったですよ」という返事が返ってきた。

ワイフは「ヤリ君に負けた」と、肩を落としていた。「登頂を果たせたんだから、それでいいんじゃないか」と言うと、「ヤリ君の恐怖に負けた」とうな垂れている。上から目線で見下ろしていたヤリ君の鼻を明かしてやろうと意気込んで登ったのはいいが、逆に恐怖感に打ちのめされたというわけだ。

山に対する捉え方は人それぞれだが、私は余り勝ったとか負けたという思いは持たない方だ。山が敵だと思ったことはないので、アタック（攻撃）という言葉は使わない。表現するなら、サミット・プッシュ（登頂）くらいが適切だろう。

山頂に立ったときも、制覇したという感覚はなかった。自分が槍ヶ岳と一体になり、こんな素晴らしい体験ができたことを感謝したくらいだ。

小屋の窓から外を眺めると、槍の穂先から常念岳に虹が架かっている。登頂を果たした私たちを祝福しているようだった。

夕食の時間になり、階段を下りて食堂に向かった。どの登山客も、無事に槍ヶ岳の登頂を終えてホッとした表情だ。この年の夏山でも、穂高などでは数件の滑落事故が報道されていた。

これだけ急峻な岩峰にもかかわらず、不思議と槍ヶ岳の穂先では滑落事故が発生していない。ひとつは空身で登れること、もうひとつは一時間という比較的短時間で登下降できることが、その理由だろう。重いザックを背負ったままではバランスを崩しやすいし、行程に四～五時間も要するのであれば集中力が途切れることもあるだろう。

日が暮れると雲行きが怪しくなり、天気予報の通りに夜半には雨が降り出した。インナーザックがないので、教えられたように持ち物を全部レジ袋に入れ直してザックに詰め込んだ。

明日着るであろうレインウエアの用意をして、布団にもぐり込んだ。雨の中を一気に上高地まで下山できるだろうか。この雨で登山道が水没していないだろうか。不安な気持ちを抱えながら、眠りに就いた。

五日目　槍ヶ岳〜上高地…奥飛騨温泉郷

目が覚めても、状況は何も変わっていなかった。窓を開けて、穂先の方に目をやった。濃い霧と雨で、間近にあるはずの穂先の姿は全く見えない。

風もないし、雨もそれほど強く降っているわけではない。私たちが今いる所が街中であれば、別段何も気にならないだろう。そして山の中でも横尾にいるなら、これほどまで不安な気持ちにはならないだろう。しかし、ここは標高三〇〇〇メートルを超える稜線上なのだ。

お弁当を食べるため談話室に入ると、黙々とストレッチを繰り返している男性がいた。天候が思わしくないので、登山者たちの口数も少なく、重苦しい雰囲気が漂っている。

ロビーに下りて歯を磨き、張り出されている最新の気象状況を確認した。一応、天気は快方に向かうとの予報だ。晴れ男・晴れ女の私たちは、いつも天気に恵まれてきたため、未だ雨の中を歩いたことがない。それが選りにもよって、雨登山の初体験が標高三〇〇〇メートルからの下山になろうとは……。

雨が降って気温も低いので、完全防備に身を固めた。玄関を出て山荘のテラスから下を見ると、まだ薄暗い上にガスが掛かって何も見えない。もちろん槍の穂先も姿を隠したままだ。一寸先は闇とは、まさにこのことを言うのだろう。

今さらここで躊躇していても始まらない。意を決して、急坂にジグザグに付けられた登山道を下りていった。歩き出して十数分もすると、またも幸運なことに雨が止んだ。それに暑くなってきた。雨より汗で濡れそうなので、レインウエアの下に着込んでいた中間着のライトシェルジャケットを脱いだ。

山荘を出発したときは完全防備だったが、殺生ヒュッテ分岐の辺りでは、メリノウールのシャツにレインジャケットを羽織っただけの軽装になっていた。また雨がぱらついてくるといけないのでレインウエアは着ていたが、ジッパーを下し、袖は腕まくりしていた。

グリーンバンドを通過し、天狗原分岐まで来ると、ここからはまた槍沢の河原沿いの道になる。急峻な山肌から登山道を横切るようにして、山水が槍沢に流れ込む。ブーツの中に水が入ることだけは勘弁願いたい。雨で幾分増水していたものの、飛び石は水面に頭を出しており、渡渉には問題なくホッとした。

出発から四時間掛からずに、槍沢ロッヂまで下りて来ることができた。丸二日間滞在していたので、我が家に帰って来たような気分だ。山小屋のスタッフは、掃除に余念がなく忙しそうに立ち回っている。初めて槍沢ロッヂにきた三日前の朝と同じ光景だ。

ときおり雨がぱらつくことはあったが、何とか天気は持ち堪えていた。ザックカバーから水がしたたり落ち、ずぶ濡れになって槍沢ロッヂに駆け込んできた登山者の姿が目に浮かぶ。

ちょっと休憩してから出発しようと思ったが、ワイフが急かしてくる。一刻も早く下山したいようだ。先行するワイフが二ノ俣に架かる橋を渡ろうとしたとき、爪先が引っ掛かって前のめりに転倒した。大事には至らなかったが、焦りは禁物だ。

横尾まで到着すると、もう安心だ。あとは平坦な道を三時間ほど歩けば、上高地に到着する。


紅葉シーズンを迎えた涸沢に向かうのだろう、急に登山者の数が増えてきた。ちょうどお昼頃に徳沢に辿り着いた。雨はすっかり上がり、青空が広がってきた。

徳澤園のみちくさ食堂で、カレーうどんを注文する。食堂の中も外のテラス席も、名物のソフトクリームを頬張った人たちで賑わっている。標高三〇〇〇メートルの稜線上と違って、長閑で和やかな雰囲気だ。おととしのワイフの誕生日に、北アルプスの下見と称して訪れたときのことを思い出す。

小一時間ほど休憩を取ったが、徳沢からはゆっくり歩いても三時前には上高地に到着できる。上高地から登ってくるたくさんの登山客とすれ違う。そうか今日は週末の土曜日なんだと、ふと思い出す。山の中にいると、曜日の感覚がなくなる。曜日どころか、世の中で何が起きているのかさえ分からなくなる。

カラフルなウェアに身を包んだ――正真正銘の――山ボーイ&山ガールが、大勢上高地から登って来る。天気も良くなり、涸沢カールはきっと素晴らしい紅葉日和になるだろう。

かと思えば、重量級のザックを背負ったガチの登山者もいる。彼ら彼女らは、涸沢からさらに奥穂高岳か北穂高岳をめざしているのだろう。もしかしたら、私たちのように槍ヶ岳に向かうのかも知れない。

明神を過ぎ、小梨平キャンプ場を通過する。見慣れた景色に安堵しホッとしたのか、さっきまで何ともなかった脚に急に筋肉痛が襲ってきた。標高差一五〇〇メートル、二〇キロの距離を八時間かけて一気に激下りしてきたのだ。何ともなかったはずはない。きっと痛みを感じないほど、気が張っていたのだろう。

河童橋の横を通り上高地バスセンターに向かう頃には、普通に歩くのも辛いくらいになった。停留所にバスが到着していたが、お土産を買うために一本見送って次のバスに乗ることにした。

槍ヶ岳山荘で限定品のマグカップが売り切れになっていたのが、よほど悔しかったのだろう。ワイフは別のマグカップを探しに売店に入っていった。買い物が済むと、私たちはインフォメーションセンターの洗い場でトレッキングブーツの汚れを落とした。

両手を上げて記念写真を撮ったが、槍の穂先では達成感を味わうことはなかった。山頂は凄まじい高度感で、恐怖の余り気持ちに余裕がなかったこともあるが、何といってもまだ——下山という——大仕事が残っていたからだ。

穂先を無事に下降し、そして上高地まで下山を果たした今頃になって、ようやくふつふつと心の中に達成感が沸き起こってきた。

少し西に傾き始めた陽の中で、ザックを下ろし平湯温泉行のバスを待つ。二年前の結婚記念日に私たちが、ここ上高地を訪れたときの情景が心に浮かぶ。

同じようにバスを待っていた若いカップルに、どこに登って来たのか尋ねたのだった。そのときには、槍ヶ岳は途方もなく遠い存在だった。その槍ヶ岳に登頂を果たし、今私たちは下りてきたのだ。

バスが到着した。まずはゆっくり温泉に浸かり、夕食時に私たちの結婚記念日を祝うとしよう。

エピローグ

山登りというのは、得点や時間を競う他の競技と異なり、非常にユニークなスポーツだ。誰かと何かを競うわけではない。なので、スポーツでありながら、勝ちとか負けというものがない。敢えて言うなら、無理をして登頂を果たすことではなく、無事に下山することが勝ちということになるだろう。

井上靖は著書『穂高の月』の中で、登山についてこう述べている。

＊

自然を相手としたこのゲームは、人間が持っているあらゆる勝負の中で、最も高級なものと言えよう。これ以上に、人間の心と体が一体となって高度に動員され、参画するゲームは他に見当たらない。

そしてこのゲームに於いて登山者に与えられている命題は、絶対に負けてはならぬということである。天候によって登山を中止して引返すことは負けることを意味しない。もう少しなのだからと、そこで自分を抑制できない気持ちを持ったら、それは明らかに自然に対して負けたことになるだろう。

＊

悪天候に見舞われた槍沢ロッヂの登山者の行動はさまざまだった。雨を押して登る人、下山する人、待機する人。挑戦することが必ずしも勇敢というわけではなく、また撤退する人が意気地なしというわけでもない。

槍沢ロッヂで足止めを喰らったため、私たちは出発が一日遅れることになった。自分たちには、槍ヶ岳から一日で一気に上高地まで下山することなど無理だと思っていた。本文中には書かなかったが、それで一旦は槍ヶ岳の登頂は諦め、明日は下山して奥飛騨温泉の旅館に二泊することに予定を変更したのだった。ヘタレ夫婦たる所以だ。

槍ヶ岳に向かう四〇代の男性二人と、三〇代の女性二人を次々に拍手で見送った。待機していた五〇代の女性は、明日は天候が回復するので槍ヶ岳をめざすという。

そして「明日はぜひ一緒に槍ヶ岳に登りましょうよ」と、私たちの背中を強く押してくれたのだ。その言葉を聞いて、ワイフも俄然登頂意欲が湧いてきたようだ。気象情報によれば、明日一日だけ晴れるとのことだ。願ってもない槍ヶ岳登頂のチャンスだ。素晴らしい眺望も約束されるだろう。ただし、明日槍ヶ岳に登るのであれば、ひとつだけ覚悟しなければならない条件がある。

明後日は、雨の中を一気に上高地まで下山しなければならない。もし一日で上高地まで下山できなければ、温泉はキャンセルしなければならない。ワイフもそれは十分に分かっていたのだろう。いつもはくたびれてくると泣きが入るワイフも、このときばかりは鬼神も避ける勢いで下山していた。

ワイフは「山登りをしているときは、何しにこんなシンドイことをしているんやろうと思うのに、暫くしたらまた山に登りたくなる。ホンマに不思議やわぁ」と、言っていた。山登りをする人なら、きっと誰しも抱いたことのある疑問だろう。

山に限らず「ハマる」というのは、医学的な観点からいえば一種の依存症、つまり中毒といえるかもしれない。それだけ強烈な喜び——平たく言えば——快感があるということだ。

その快感とは、いうまでもなく達成感にほかならない。これは、マラソンにも相通じるものがあるだろう。

山登りに関しては、さらにその「非日常性」が大きく作用している。言い換えれば、日常からトリップして完全にぶっ飛んでいるってことだ。

電気・ガス・水道といったライフラインはない。交通インフラもない。街にいては災害時でもなければ経験しないようなことが、山では逆にそれが普通だ。天気が崩れて雨が降ったところで、街では別に気に掛けるほどのことではないが、山では死活問題になることもある。

一方で高度感のある絶景や溜息が出るほどの満天の星も、普段の日常生活では決して味わえないものだ。山登りを始め、数々の素晴らしい体験のお陰で、人生の価値観が大きく変わった。

実を言うと、今でも私たち夫婦はヘタレである。階段とエスカレーターが並んでいたら、迷わずエスカレーターに乗る。街中にいるときは確かにそうだが、山に登っているときは歩くことがとても楽しい。

あとがき

神戸の甲南山手に「むすび食堂」というマクロビオティックをメインにしたレストランがある。この店はスローな暮らしを送る人たちのコミュニティーとなっており、料理やスウィーツの教室以外にも、さまざまなワークショップが開催されている。

編み物教室「ニットカフェ」もそのひとつで、穂先の登下降の際にワイフがかぶっていた毛糸の帽子も、ここで習って自分で編んだものだ。ＭＯＴＯＫＯＴＯの愛称で親しまれているニット教室の先生は、六甲山でハイキングツアーを開催している登山ガイドでもある。彼女は編み物、山登り、料理とまさに何でもこいの文武両道、才色兼備を地で行くアクティブな女性だ。このような縁で、私たちにもようやく山登りの知り合いができた。ワイフによると、ニットカフェでは、編み物をしながら山の話題でいつもたいそう盛り上がっているらしい。

私たちが槍ヶ岳登頂を果たした後、ワイフが槍ヶ岳登山の行程表をニットカフェの先生に見せたところ、大変感心していたらしい。彼女が言うには、「きちんとした登山計画が立てられた時点で八割は成功したようなもの。登頂できるかどうか、あとの二割は天候や体調次第」とのことだ。

私たちは、ガイド付きのトレッキングツアーに参加したことがないので、たとえ六甲山の日帰り登山でも毎回行程表を作成している。北アルプスへの遠征となれば、さらに詳細な行動計画を立てて臨んでいる。

めざす山が決まったら、最初に日程を組む。私たちは登山口に前泊し、さらに少しでも荷物が軽くなるよう山小屋泊まりにして、極力体力の消耗を防いでいる。また山行の日程も、一日か二日の予備日を設けている。余裕のないスケジュールを組めば、寝不足や過労で体調を崩したり、天候の回復を待って登頂するチャンスをみすみす逃したりしかねないからだ。

初めての登山が槍ヶ岳だったり、何と表銀座縦走だったりという強者もいる。一〇代や二〇代の山ボーイ&山ガールなら、何とか若さでカバーできるかもしれない。しかし、私たち中年山ボーイ&山ガールにとっては、たとえガイド付きの登山であってもそれは無謀というものだ。遠回りでも、着実に一歩一歩ステップアップしていくことにした。普段から歩く習慣さえなかった私たちは、まずはそのレベルからスタートせざるを得なかった。

六甲山や北アルプスの頂きをめざすに当たっては、本番に先立ち何度か途中まで下見に登ってみた。バリエーションルートならともかく、整備された一般登山道を歩くのに、果たして偵察など必要なのかと訝る人もいるだろう。しかし、事前に登山口やルートを確認しておいたことで道迷いや遭難を回避できたし、自分たちの体力や歩くペースを把握することができた。さらに必要な装備やウェアを揃えていくに当たっても、下見における経験は大いに役立った。一般登山道といえどもガイドのいない私たちにとっては、初めて登る山は全てが「未踏の頂き」なのである。

登山に関して、高い能力があるに越したことはない。しかし、登山は自然を相手にしたスポーツだ。例えゴールドメダリスト級のアスリートであろうと、ひとたび自然が牙をむいて猛威を振るえば、とても人間が太刀打ちできるものではない。私たちは、自他共に認めるヘタレ夫婦だ。登山の適性や能力が人並み以下であることは十分過ぎるほど承知していた。そこで荷物を必要最小限まで減らし、一日の行動時間が無理のない範囲に止まるよう、入念に準備を進め綿密に計画を練った。

槍沢ロッヂでは雨のために丸二日間足止めを余儀なくされたが、却ってこのことが幸いしたように思える。二日間ロッヂに滞在していたお陰で、体力を温存することができただけでなく、十分な高度順応ができた。そのため、登頂の日は過労や高度障害で体調を崩すことなく、槍の穂先に立つことができた。

登山口の上高地に到着してから下山するまでの五日間のうち、雨が降らなかったのは僅か一日だけだったが、槍ヶ岳登頂の日に秋晴れの素晴らしい天候に恵まれたのは幸運だった。

二〇一八年二月

奥田　裕章

プロフィール

奥田　裕章（おくだ　ひろあき）

一九六〇年生まれ、大阪府出身。

名古屋市立大学医学部卒業、近畿大学大学院医学研究科博士課程修了。医学博士、作家。

山岳愛好家、料理研究家として、趣味のトレッキングとクッキングに勤しむ。

私生活では、ミニマリスト&ダウンシフターとして、シンプルでスローな暮らしをエンジョイしている。現在、兵庫県に在住。夫婦二人暮らし。

本文・カバーイラスト　trap 最上浩和
カバーデザイン　crop 神原宏一

めざせ！ 槍ヶ岳《やりがたけ》 中年山《ちゅうねんやま》ボーイ＆山《やま》ガールGO《ゴー》
六甲山《ろっこうさん》から始《はじ》める山登《やまのぼ》り

2018年３月16日　第１刷発行

著　者　奥田裕章《おくだひろあき》

発行者　吉村一男
発行所　神戸新聞総合出版センター
〒650-0044 神戸市中央区東川崎町1-5-7
TEL078-362-7140　FAX078-361-7552
http://kobe-yomitai.jp/
印　刷　株式会社 神戸新聞総合印刷

ISBN978-4-343-00982-1 C0026